地域社会学会年報第 30 集

地域社会における共同性の再構築

Annals of Regional and Community Studies Vol.30

地域社会学会編

2018
ハーベスト社

装丁:遊歩工房

地域社会における共同性の再構築

地域社会学会年報第 30 集 (2018.5)

◆特集　地域社会における共同性の再構築

地域社会における共同性の再構築をめぐって ……………………………… 吉野英岐　5

長続きする地域社会のあり方 ……………………………………………… 藤山　浩　15

共有林における部外者入山制を促す社会関係 ……………………………… 林　雅秀　21
　　——福島県会津地方における比較研究から——

漁業者集団の共同性——アワビ漁を事例に—— …………………………… 濱田武士　37

◆論文

産業遺産保全における「場(milieu)」の象徴性としての「生活」…………… 平井健文　51
　　——兵庫県生野鉱山跡の保全の実践を事例に——

非大都市部への〈移住〉者による地域的ライフスタイルの受容 …………… 山口博史　65
　　——山梨県都留市での調査から——

会社共同体にみる「コミュニティ」の諸相 ………………………………… 渡邊　隼　81
　　——第一生命大井本社(神奈川県大井町)の社宅を事例として——

発展途上国における開発と災害 …………………………………………… 室井研二　97
　　——スマトラ地震とアチェの事例——

◆自著紹介

吉原直樹・似田貝香門・松本行真編著
　　『東日本大震災と〈復興〉の生活記録』(六花出版、2017 年) ………… 吉原直樹　111

◆書評 ………………………………………………………………………………… 113

加藤泰子著『高齢者退職後生活の質的創造——アメリカ地域コミュニティの事例』(東信堂　2016 年) 田中里美／細谷昂著『庄内稲作の歴史社会学——手記と語りの記録』(御茶の水書房　2016 年) 小内純子／富永京子著『社会運動のサブカルチャー化—G8 サミット抗議行動の経験』(せりか書房　2016 年) 西城戸誠／山下祐介著『「布嘉」佐々木家を紡いだ人たち』(青函文化経済研究所　2016 年) 庄司知恵子／橋本和孝著『失われるシクロの下で——ベトナムの社会と歴史』(ハーベスト社　2017 年) 二階堂裕子／武岡暢著『生き延びる都市——新宿歌舞伎町の社会学』(新曜社　2017 年) 阪口毅／西村雄郎・田中里美・杉本久未子編著『現代地方都市の構造再編と住民生活——広島県呉市と庄原市を事例として』(ハーベスト社　2016 年) 市川虎彦

◆第 11 回 (2017 年度) 地域社会学会賞の選考結果報告 ……………………… 127

目　次

◆地域社会学会活動の記録（2017年度）……………………………………………… *131*

◆投稿規定……………………………………………………………………………… *135*
◆執筆要領……………………………………………………………………………… *136*
◆著作権規定…………………………………………………………………………… *137*

◆English Summaries of Articles ……………………………………………………… *138*

◆編集後記……………………………………………………………………………… *144*

Annals of Regional and Community Studies Vol.30 (May 2019)

Contents

Featured Articles:
Rebuilding the Social Relationships according to Common Resources in Local Communities: A Symposium

Rebuilding Social Relationships according to Common Resources in Local Communities
Hideki YOSHINO

The Sustainable Community: Today and Tomorrow   **Ko FUJIYAMA**

Characteristics of Social Relationships Promoting Institutions for Nonlocals' Entrance to Common Forests: A Comparative Study in Aizu, Fukushima   **Masahide HAYASHI**

Communality in Japanese Coastal Fisheries: Case Studies of Abalone Fishing Groups
Takeshi HAMADA

Articles
Livelihoods as Symbolic of *Milieu* in the Conservation of Industrial Heritage: Practices for Conserving the Ikuno Material Mine Sites in Hyogo   **Takefumi HIRAI**

The Acceptance of Local Lifestyles by "Migrants" in a Non-Metropolitan Area: A Case Study in Tsuru
Hiroshi YAMAGUCHI

Aspects of the "Community" Concept and the Community Firm: A Case Study of Company Housing at the Ōi Head Office, Dai-ichi Mutual Life Insurance Company (Ōi-machi, Kanagawa Prefecture)   **Shun WATANABE**

Development and Disaster in Developing Countries: Post-Disaster Reconstruction in Aceh Following the Sumatra Earthquake and Tsunami   **Kenji MUROI**

Book Review

Result of the 11th Award of Japan Association of Regional and Community Studies

Annual Activities of Japan Association of Regional and Community Studies

English Summaries of Articles

地域社会における共同性の再構築をめぐって

吉野 英岐

1. テーマ設定の背景

　近年の人口の減少と急速な高齢化により、自治体や地域社会の存続が困難になりつつある。いわゆる「増田レポート」のこの主張は、社会に大きなインパクトを与えた。増田レポートとは、増田寛也元総務相ら民間有識者でつくる日本創成会議の人口減少問題検討分科会が、2014年5月8日に発表した最終報告書[1]のことである。同レポートによれば、2040年に若年女性の流出により、全国で896の市区町村が人口減少による消滅の可能性がある「消滅可能性都市」になる。特に青森、岩手、秋田、山形、島根の5県では、県内の8割以上の市町村で消滅可能性があるとされた。さらに人口が1万人を割る523の市町村を「消滅可能性が高い自治体」と位置づけ、このままでは小規模自治体の存続が困難であることを指摘した。

　増田レポートの内容については、複数の研究者から疑問や異議が出され、人口動向の実証データからも必ずしも書かれているように事態が進んでいない例があることも報告されている[2]。かつて、社会学者の大野晃が1990年前後に限界集落という用語を用いて、地域社会の動向を分析、発表した時[3]も、社会的に大きな反響を呼んだ一方で、研究者や現場からの異議申し立てもあった[4]。ただ、今回の増田レポートは、日本全体の人口が減少局面に入った時点での発表ということもあり、より大きな社会的関心を喚起するとともに、政府や自治体に大きな危機感と焦燥感を感じさせ、その結果、早急な政策的対応が打ち出される事態となった。

　政府は2014年9月に人口減や少子高齢化などに取り組む「まち・ひと・しごと創生本部」と地方創生担当大臣を置き、地方創生政策を推進することになった。同年11月には「まち・ひと・しごと創生法」と「地域再生法の一部を改正する法律」が成立した。地方創生政策は全国の自治体に「地方版人口ビジョン」と「地方版総合戦略」の策定と実施を求め、さまざまな特区制度や交付金制度を活用して、人口減少のスピードを抑え、地方の活性化を実現しようとする政策である。地方から中央へ流入する人口の流れを抑えて、地方の人口を維持する動きは、大学も無関係ではなく、2015年度から卒業後の地元就職率の向上や地方での起業を求める「地（知）の拠点大学による地方創生推進事業」（COC+）が導入された。また、2018年には東京23区における大学の定員増を原則10年間認めない法案が国会に提出されるなど、若者の地方定着が教育面でも強く求められている。

　政府はさまざまな政策で、地方から大都市への人の流れを止めようとしているが、都市や地域社会の問題は、人口減少だけではない。地方では産業や経済の衰退により活力が失わ

れ、生活や産業を支えてきたさまざまな資源や施設あるいはインフラストラクチャーが利用や更新もされず放置されつつある。農地や山林が利用されないまま放置され、空き家の増加や老朽化した公共や民間の施設がそのまま放置されるなどの現象が目立ち始めた。さらに2011年の東日本大震災・津波により東北地方の被災地では生活と産業の再建が大きな課題になっている。

このように人口問題だけでなく、これまでくらしや産業をささえる良質なストックとして管理、利用されてきた住宅、学校、病院、役場、オフィス、工場、そして農地、森林、漁場の放棄や低利用化という現象が顕著になってきている。耕作放棄地や空き家はますます増大し、山林資源への関心や利用は低迷している。その結果、それらの資源や施設を利用し、そこから収益や便益をあげるために築かれてきた人々の関係性や組織集団、そしてそこで醸成されてきた共同性そのものも危機に瀕しつつあるといえるのではないか。

こうした危機を打開するために、近年では新たな地域活性化政策が開始され、農山村地域への地域おこし協力隊の派遣や新規移住や新規参入が奨励されている。また市街地ではエリアマネジメントやエリアリノベーションといった新しい開発（再開発）やまちづくりの手法の導入が試みられている。従来の地域社会を支えてきたヒトやモノの交替が顕著になり、住民どうしの関係や行政と住民の間の関係も大きく変化しつつある。

2016年7月からの2年間における8回の研究例会と2回の大会シンポジウムでは、このように、ヒトとモノ、そしてそれらの関係が変化するなかで、地域社会の共同性はどのように再構築されて、その結果としての地域社会の持続可能性はどのように高まっていくのであろうかという問題意識に基づいて、研究成果の提供と討議の場の形成を進めてきた。2017年の大会シンポジウムでは開催場所が秋田県立大学（秋田県秋田市）ということもあり、農山漁村地域における共同性の再構築をテーマとした。農山漁村地域のくらしと農林漁業の存在基盤としての農村空間、山林、漁場などの共用資源・共有財の管理、利用、運営形態の実態と課題を明らかにしていくこととした。また、2018年の大会シンポジウムでは開催場所が亜細亜大学（東京都武蔵野市）となったことから、大都市（東京都を想定）の都心地域の再開発や郊外地域の居住空間や地域住民組織の再構築の実態と課題を明らかにしていくこととした。農山漁村地域においては共有地や入会という伝統的な資源管理の手法について、大都市地域ではエリアリノベーションや公民連携の地域づくりなどを手がかりに、これからの地域社会の持続可能性につながる共同性の再構築について議論していく。

2. 地域社会学会における議論

今回のシンポジウムのテーマを論じる前に、地域社会学会におけるこれまでのシンポジウムのテーマを振りかえることにしたい。地域社会学会はこれまでにも地域社会の危機や再生についてさまざまな角度から論じてきた。ここ10年間の『地域社会学会年報』のタイトルと刊行年は以下のとおりである。

- 第20集　『縮小社会と地域社会の現在〜地域社会学が何を、どう問うのか〜』(2008)

- 第21集　『縮小社会における地域再生』(2009)
- 第22集　『地方から見た地域再生の現実』(2010)
- 第23集　『地域再生の展望と地域社会学』(2011)
- 第24集　『リスケーリング下の国家と地域社会』(2012)
- 第25集　『リスケーリング論とその日本的文脈』(2013)
- 第26集　『東日本大震災：復興の課題と地域社会学』(2014)
- 第27集　『東日本大震災：復興のビジョンと現実』(2015)
- 第28集　『「復興」と「地方消滅」：地域社会の現場から』(2016)
- 第29集　『国土のグランドデザインと地域社会：「生活圏」の危機と再発見』(2017)

　年報のタイトルと特集は年報刊行の前年に開催された大会シンポジウムのテーマをもとに組まれる。この10年間の特集のキーワードは、縮小社会、地域再生、リスケーリング、東日本大震災、復興、地方消滅、国土のグランドデザイン、生活圏などであるが、これらのなかで、縮小社会をテーマとした第20集と第21集の特集は、今回の課題と問題意識を共有しているところが少なくない。

　第20集の特集解題論文である「解題：『縮小社会』と地域社会の現在」において、清水亮は戦後の日本社会では成長が前提とされ、都市や経済の規模の拡大とそれに伴う都市問題、生活問題、環境問題等が都市化、産業化、開発をキーワードに論じられてきたと述べている。清水は地域社会学会が誕生した1975年からの30年間を振り返って、「絶えざる成長を宿命づけられてきた資本主義社会システムの諸矛盾を我々は問題にし、地域という現場から問い続けてきた」[5]と総括している。その一方で、21世紀に入ったころから、「これまでの『成長』を支えてきた人口増も頭打ちとなり、都市も郊外への拡大から都心部の再生やコンパクト化がいわれるようになってきた。(中略) 公共政策は諸々の分野で撤退を含めた再編の必要が迫られている（『構造改革』）。ここではそのような基調を『縮小社会』という語で表現したい」[6]と述べて、新しい社会像を提起している。そして、「『縮小社会』は公共政策と民間事業とのバランスを確実に変えていっている。小泉政権以来の『構造改革』は『小さな政府』に向けての方策を鮮明にしている（『競争社会』化）。この影響は民間への事業移行という流れを生み出した以外にも、平成の市町村合併の実現、さらには道州制への移行までを視野に含んでいる」[7]と続けている。

　この考え方に基づいて組まれた2007年のシンポジウムでは、新自由主義都市の権力構造や集団編成、地域福祉の主流化、地方政治の新展開についての問題提起がなされた。清水は解題のなかで、地方鉄道の存続活動を事例に、「地方公共交通再生に向けて『やる気』を見せた地域を支援しようという政策が着々と準備されつつある」[8]と述べたうえで、この動きについては、評価国家体制の誕生（町村敬志）という新たな支配－被支配の形ととらえることもできれば、新たな創造的な活動展開と見ることもできると両義的に評価している。

　また、第21集の『縮小社会における地域再生』で、吉野英岐は前年の大会シンポジウムでの報告をもとに、「農山漁村地域は縮小社会を克服できるか ── 中山間地域における政策と主体の形成をめぐって ── 」と題する論文を執筆している[9]。そこでは、地域の再生をめ

ざす政策として、国の中山間地域等直接支払制度（2000年導入）と県による森林環境税制度（最も早い導入は2003年の高知県）の創設を紹介している。

当時から中山間地域等の条件不利地域における耕作放棄地の増大や、枝打ちや間伐などの山林整備活動の低迷が問題になっていたことから、農山村地域における地域住民の資源維持活動について公益的価値の増進という見地から、都市住民を巻き込んだ農山村地域外からの公的資金や税金の投入という経済的な支援を行う枠組みが創設された。さらに、中山間地域や山間地域の公益的機能の維持のために、開放的な集落組織の構築が目指されていた。論文では農山漁村地域の「公共事業の受け皿としてはこれまでは地域の事業者（企業）が中心で、そこから地元住民は賃金を受け取ることで生活を成り立たせていたが、公益的機能増進活動では、直接地域団体が事業主体になりつつある。（中略）そこには開放型集落組織（住民・NPO・企業・都市住民の混合型組織）を設立するような誘導がある。地域の管理主体が農地の（私的な）所有者のみならず、農地を所有していないメンバーもとりこんでいく現象がおこりつつある」[10]と指摘している。そのうえで公益的機能や公益性を強調することは、都市住民から支援をうける正当性を確保するために必要であるが、その領域の線引きをどうするのか、あるいは、時代に応じた私的所有のあり方や社会の危機の際に私的所有を乗り越える別の原理を構築することの可能性をどのように議論するかが課題となると指摘している。最終的には「中山間地域の持続可能性を高めていくために、住民・自治体・支援組織・都市住民というさまざまな主体をめぐって、それらの間の価値観の共有化を図っていく枠組の構築が今後の大きな検討課題になろう」[11]と指摘して論文を閉じている。

この論文執筆時から10年ほどが経過し、その後、東日本大震災・津波が起こるなどして、地域社会の変容のスピードはますます速くなっている。人口減少や高齢化の進展のなかで地域固有の資源の維持管理を含めた地域社会の持続可能性については、状況は一層厳しくなりつつあるといえるのではないか。

3. 近年の地域政策の動向

1962年に始まる国土総合開発（全総、新全総、3全総）は、当初は国土の均衡ある発展という考え方のもと、3大都市圏だけでなく、地方都市や地域社会を対象とした拠点開発を通じて、全国に経済成長をもたらす産業拠点を拡大していく性格を有していた。しかし、1986年の4全総では大都市圏の開発・再開発による活力の復活が目指され、それまでの開発の流れとは異なる方針が示された[12]。さらに、1998年の「21世紀の国土のグランドデザイン～地域の自立の促進と美しい国土の創造～」では、地方における拠点開発ではなく、大都市圏のリノベーションと、地域連携軸の形成とネットワーク型開発が構想された。このうち、大都市のリノベーションとは、「人間性の回復を重視した安全でうるおいのある豊かな生活空間を再生するとともに、我が国の経済活力の維持に積極的に貢献し、高次都市機能の円滑かつ効率的な発揮を可能とするため、大都市空間を修復、更新し、有効に活用する」[13]こととしている。その具体的内容の1つとして「老朽木造密集市街地の解消と防災拠点の整備」が挙げられている。また、人口の減少、高齢化、個人の価値観の多様化、都市活動の多

様化、経済諸活動のグローバル化が進む中で、「東京圏が21世紀においても世界都市としての地位を維持、発展させていくためには、東京圏の地域構造そのものを、それらの変化に対応し、人々が豊かに活動できるものへと変革するリノベーションを進めていく必要がある」[14]と指摘している。さらに「東京圏の質を抜本的に変えるリノベーションを推進することが必要」として、その将来像を「グローバルな『経済中心』としての活力を保ちつつ、都市活動全般の効率化や地球環境問題への貢献を進めると共に、豊かな生活環境や歴史文化も含む都市文化を享受しうる質の高い生活（クオリティ・オブ・ライフ）を実現する『国際環境文化都市圏』」[15]としている。そのうえで東京圏を5つのエリア（広域都市圏）に区分し、エリア相互間の諸活動の連携を強めることを想定している[16]。このように「21世紀の国土のグランドデザイン」ではリノベーションという用語を小規模な修復という意味よりは大規模な再改造、再編というような意味で用いている。この点は今日の都市の整備手法で用いられるリノベーションという用語とは指し示す意味が異なっているといえる。

次いで、2014年に発表された「国土のグランドデザイン2050」では、目指すべき国土の姿として、コンパクト＋ネットワークにより、「対流促進型国土」の形成を目指している[17]。国内を、大都市圏域（国際経済戦略都市）、地方圏域（小さな拠点、コンパクトシティ、高次地方都市連合）、海洋・離島（領海・排他的経済水域・外洋遠距離離島）の3つの圏域に区分して、それぞれの将来像と役割を述べている。とくに外洋遠距離離島における住民を「現代の防人」と表現して、国益にかなった存在と位置づけたことは鮮烈であった。「国土のグランドデザイン2050」の問題点については、年報第28集および第29集の特集に収録されている論文やこれまでのシンポジウム・研究例会の報告で繰り返し取り上げられてきた。一方、「国土のグランドデザイン2050」で示された内容のなかで、これまで十分に取り上げられなかった特徴として、地方圏域における小さな拠点、コンパクトシティ、高次地方都市連合の形成という提案がある。これは人口減対策として、都市連携によって60〜70カ所の「高次地方都市連合」を構築し、都市圏を維持する一方で、山間部などに5000カ所の日常生活を支える機能集約拠点（小さな拠点）を形成して、機能を集約し、地域の持続と成長を目指すものである。この点については、今回のシンポジウムのテーマともかかわる課題として藤山浩氏の報告で言及されている。

2010年6月の鳩山内閣による「新しい公共」という概念の提唱以後、住民と行政とのパートナーシップや協働による地域運営が目立ち始めた。「新しい公共」の具体的なイメージとしては、非営利セクターの活性化とソーシャルキャピタルの育成、新しい公共を担う社会的・公共的人材の育成、公共サービスのイノベーション、新しい発想による地域の力を引き出すことなどが想定されている。この動きと呼応するように、2010年ごろから、市町村合併後の地域運営の手法として、広域住民自治組織や住民自治協議会の設立が進み始めた。岩手県では花巻市、北上市、八幡平市、一関市等で、従来の公民館制度を改変し、町内会（自治会）連合組織として存在していた広域の住民組織を連絡調整組織ではなく、官民協働の地域政策実行組織として機能させるような政策が導入された。自治体は広域住民組織を指定管理者として、従来は公務員が行っていた公的施設（コミュニティセンター）の管理を、一括交付金を配分する形で地元住民等にまかせ、住民の活動を基本とした新しい地域運営方式に

取り組み始めている。

　さらに福祉の領域では2025年を目途に、地域包括ケアシステムの構築が提唱された。地域包括ケアシステムとは地域社会において高齢者の尊厳の保持と自立生活の支援を目的とする包括的な支援・サービスの提供体制のことで、保険者である市町村や都道府県が計画を策定し、地域の自主性や主体性を前提にコミュニティが自ら動くことが想定されている。

　これらの動きからは、地域社会やコミュニティにおいて、住民の自治能力が重視されていることがうかがえるが、アプリオリに住民の自主性や主体性が措定されているようにもみえる。確かに住民自治は重要であり、必要なものである。しかし、住民自治は規範概念としては有効であっても、実態概念としてアプリオリに措定できるものであろうか。社会生活環境の変化のなかで、地域社会やコミュニティの成員や活動範囲は従来ほど明確ではなくなっている。にもかかわらず、行政側が地域社会やコミュニティの共同性を過度にあてにする傾向が強まっているのではないだろうか。調査にもとづいて測定・計測・観察された事実をもとに議論をする社会学の立論形式からいえば、住民自治やパートナーシップは規範概念としてではなく、どのような社会経済状況や住民意識のもとで実現可能であるのかを実証的に考察する必要があるのでないだろうか。

4. 地域社会における共同性の再構築にむけて

　こうした状況を踏まえて、今期の研究委員会で討議を重ねた結果、地域社会における共同性の再構築をテーマに、研究例会を開催し、2017年と2018年の大会シンポジウムでこのテーマをとりあげることとした。このテーマの設定に際し、予め共同性を厳密に定義するのではなく、さまざまな事象をめぐって地域社会の成員や外部者が関与する領域や利害や諸権利を調整し、その結果として、大きく変わっていく社会環境のなかで、地域社会やコミュニティの持続可能性を高めていくプロセスを、概念や実態をてがかりに、明らかにしていくこととした。

　地域社会の共同性の発現をめぐっては、担い手、物的基盤、住民意識がその要素であると考えられる。担い手は地域社会にとって必要不可欠な資源であるが、これまでも指摘してきたように、人口の減少と高齢化というトレンドは今後も続くものと考えられる。人口（担い手）が減少し、高齢化していくなかで、地域社会やコミュニティの活力はどのようにすれば維持できるのか、地域社会における共同性との関連について検証作業を進めていく必要がある。また、物的基盤は地域社会の共同性を担保する重要な資源である。これまでの研究において、地域社会、行政、住民が管理してきた施設や資源として、社会的共通資本（宇沢弘文）、社会的共同消費手段（宮本憲一）、あるいはコモンズやローカル・コモンズとも称される物的基盤（とその活用のルール）がある。それらの所有、管理、利用をめぐっては、利害の調整、合意の形成、ルールの構築など想定され、その過程で地域社会の共同性が発現するメカニズムが存在する。

　しかし、近年では資源や施設が老朽化したり、低利用状況が続くなどして、維持や更新が困難になりつつあるケースが少なくない。農山漁村地域では遊休農地、荒廃山林、ゴミ屋

敷、放置空き家、廃校による空き校舎等が増加し、都市においても、空き店舗、空きオフィス、空きビル、空き家が増加している。また郊外の大型団地やショッピングセンター、中心市街地の商店街なども老朽化が進み、維持や更新が困難になりつつある。こうした資源をめぐっては、公的主体の介入や権限の強化、あるいは公益の増進のための私権の制限に基づく解体や処分なども行われつつあるが、都市部の遊休資源については民間の発想や資金を導入して、リノベーションを行なったり、外部のメンバーによって、新たな機能や用途が付与されたケースもある。またエリアイノベーションの手法を用いて、街空間やコミュニティの再生を図る事例もでてきている。農山漁村部においても、遊休化しつつある資源の再活用や新たな運営手法を導入することで、地域社会の再生や維持を図っているところもある。

　最後に住民意識あるいは住民合意も物的資源の維持に欠かせない要素である。住民あるいは住民組織はどのようにして自ら合意を形成し、自主・自律的に共有資源の運営、管理をすすめていくことができるのかという点は、これらの地域社会の持続可能性のカギを握っていると考えられる。

　こうしたことを念頭において、地域社会やコミュニティの持続可能性を考察していくために、研究委員会では、地域社会の共同性に焦点をあてた研究活動をすすめることとし、研究例会において都市や農山漁村地域におけるさまざまな共同性の発現形態について、学会内外の研究者に研究成果を報告していただいた。

5. シンポジウムにおける報告の概要

　2017年5月に秋田県立大学において開催された第42回大会シシンポジウムでは、秋田県での開催という状況を踏まえて、農山漁村地域や農林水産業における地域住民や地方自治体がかかわる財・資源の共同所有・共同利用・共同管理に関する報告をいただいた。シンポジウムではまず、司会を務めた吉野英岐からテーマ設定の趣旨が説明され、その後、3名の報告者から報告をいただいた。ここでは各報告者のプロフィールと報告内容の概略を紹介する。

　第一報告者の藤山浩氏は、島根県中山間地域研究センターの研究統括監を務めたのちに、一般社団法人持続可能な地域社会総合研究所を創設し、現在所長を務めている。藤山氏は「国土のグランドデザイン2050」で示された地方圏域における小さな拠点づくりに関連した研究を進めており、内閣府まち・ひと・しごと創生本部に設置された「地域の課題解決のための地域運営組織に関する有識者会議」[18]（2016年3月〜12月）の委員、および「小さな拠点・地域運営組織の形成推進に関する有識者懇談会」（2017年10月）の委員を歴任した。藤山氏は、農村地域がもっている食料やエネルギーの自給可能性に着目し、地域内における循環型経済を実現することで、地域人口と地域経済の長期にわたる持続性がもたらされると主張している。そして、地元定住と経済循環を支えるために、分野と集落を横断した多角的な結節機能を発揮する「小さな拠点」を新たな社会インフラとして形成していくことが望まれると述べている。「小さな拠点」は持続可能な地域社会を支えるコミュニティ、産業、交通、エネルギーに関わる複合的な場であり、より広域の地方都市圏も含めた重層的な循環圏の基

底を担う存在と位置付けている。藤山氏は農村地域へのIターン移住者の増加にも着目しており、既存の住民層と移住者などの新たな住民層が交わることで新たな共同性を構築し、農村地域が有する様々な資源を有効に活用し、資源循環を進めることで、地域社会の持続性が向上していくという展望をもち、人口減少に打ち勝っていく地域社会を構想している。そこには既存の社会関係の組み換えや、新しい資源活用法の創出に基づく意識の改革への期待がみられる。

続いて第二報告者の林雅秀氏は、森林総合研究所の研究員を長らく務め、現在は、山形大学農学部の教員として活躍している。社会・開発農学の領域で、主に共有林の利用や林業従事者の社会的ネットワークについて研究を進めている。林氏は山村地域における共有林の過少利用状況下での新たな社会関係の構築による共有資源の活用と地域社会の持続可能性について報告した。林氏は福島県会津地方の山間部に位置する人口5,000人弱の只見町の共有林における山菜やキノコの採取を通じた資源利用状況を綿密に調査し、共有林の低調な利用状況を打開するために、部外者の入山を許容し、外部者と新たな社会関係を構築することで、共有資源の活用を進めた事例を紹介した。そして、外部者の入山と利用を積極的に許容する集落とそうでない集落を比較し、許容する集落では住民による集落の集まりへの参加率が高いことや、住民の生業（農業）の同質性が高いこと、入山制以外の集落活動にも積極的に取り組んでいること、集落のリーダーと外部者との間で交流があることなどを確認した。林野資源の過少利用状況が発生している中山間地域では、人口減少や高齢化の進行により社会関係の希薄化が進み、地域社会の維持が困難になりつつある。そこで集団内の密な関係を維持しつつ、従来とは異なる新たな社会関係を形成し、新たな共同性を構築することで資源利用を回復することで、地域社会の存続を図る可能性を見出した。

最後に第三報告者として登壇した濱田武士氏は、東京海洋大学を経て北海学園大学経済学部の教員として活躍している。専門は漁業経済学で、日本における漁場利用の歴史的展開や特性の分析および、東日本大震災からの復興と漁業について数多くの論文や著作を発表している。濱田氏は漁業集落における漁場と漁業制度の特性を、アワビ漁を事例に入会集団における共同性の発現形態の差異とその要因から解き起こしている。濱田氏は漁業集落をその地先の入会漁場と一体的関係を築き上げてきた空間として捉え、それゆえ、暮らしの面でも、生業の面でも、漁村集落は「共同性」に覆われており、集落内のルールや秩序が地域社会に根付いていると述べた。こうした社会関係を背景にアワビ漁が行われてきたが、アワビは高級資源だけに、アワビ漁の権利を誰にどう配分するかは、漁業者の大事な関心事となっていると濱田氏は指摘している。

アワビ漁の権利配分をめぐっては、入会集団全員に配分する方式として一斉・開口方式と共同採捕方式があり、前者は制限付き機会平等・実力主義に、後者は競争排除・資源分配平等主義に基づく方式であるという。そのほか採鮑組合のように権利者を限定し、漁業者集団を形成するという方式も存在する。一斉・開口方式および共同採捕制度方式自体には、新たなメンバーを加える制度的阻害要因はないが、入会集団のメンバーとして認められる必要があることから新規参入は容易ではない。一方、採鮑組合方式は定員制なので新規参入は制度的に困難である。実際には多くの場合、定員が埋まっていないが、メンバーの入れ替えは世

襲しか許されていないことから新規参入は進んでいない。しかし、メンバーが高齢化のため減少する事態を受けて、地域内で他の漁業を営む漁協内の組合員を新たにメンバーに入れるケースも出てきたという。

　濱田氏は漁村の衰退は共同性を重視した入会集団の制度問題にされがちであると述べている。しかし漁場、入会集団をめぐる漁業制度は、自然と地域社会が共生するための制度であり、それが入会集団のなかで共有されているからこそ共同性が維持される。その制度に馴染んでいない新規就業者を受け入れるのは簡単ではないが、新規就業者を受け入れたうえでの共同性をどう再構築するのかという課題を指摘した。

　以上のように農山漁村地域や農林水産業におけるさまざまな資源の利用や管理状況や共同性の発現形態をめぐって各報告者から興味深い内容の報告をいただいた。そして、人口減少や高齢化といった地域社会の危機を打開していくうえで、全般的には外部に開かれた共同性の構築の重要性と地域資源の利活用を提案することができるが、山村集落の漁業集落とでは資源への依存状況や権利の承継方法が異なっていることから、一律的に論じることは困難であることも明らかになった。今後も地域社会の状況を丁寧に把握したうえで、資源の内容な管理規則の差異を十分に意識したうえでの共同性の再構築を論じていく機会をもつことが必要であることを最後に指摘したい。なお2018年の大会シンポジウムでは、大都市における共同性の再構築を議論する予定である。実証分析に基づく新たな理論構築につながっていくことを大いに期待したい。

注
(1) 日本創成会議人口減少問題検討分科会（2014）、『成長を続ける21世紀のために「ストップ少子化・地方元気戦略」』。その内容をまとめた文献として、増田寛也編著（2014）『地方消滅　東京一極集中が招く人口急減』中央公論新社がある。
(2) 山下祐介（2014）『地方消滅の罠――「増田レポート」と人口減少社会の正体』筑摩書房、小田切徳美（2017）『農山村は消滅しない』岩波書店、藤山浩（2015）『シリーズ田園回帰1 田園回帰1％戦略　地元に人と仕事を取り戻す』農山漁村文化協会、等を参照。
(3) 大野晃（2005）『山村環境社会学序説――現代山村の限界集落化と流域共同管理』農山漁村文化協会、大野晃（2008）『限界集落と地域再生』高知新聞社、等を参照。
(4) 秋津元輝（2009）「集落の再生に向けて――村落研究からの提案」日本村落研究学会監修・秋津元輝編『年報村落社会研究45 集落再生――農山村・離島の実情と対策』農山漁村文化協会、山下祐介（2012）『限界集落の真実――過疎の村は消えるか？』筑摩書房、等を参照。
(5) 清水亮（2008）「解題：『縮小社会』と地域社会の現在」地域社会学会編『地域社会学年報第20集・縮小社会と地域社会の現在〜地域社会学が何を、どう問うのか〜』ハーベスト社、p3
(6) 同上書、p.3.
(7) 同上書、p.4.
(8) 同上書、p.6.
(9) 吉野英岐（2009）「農山漁村地域は縮小社会を克服できるか――中山間地域における政策と主体の形成をめぐって――」地域社会学会編『地域社会学年報第21集・縮小社会と地域社会の現在〜地域社会学が何を、どう問うのか〜』ハーベスト社

⑽　同上書、p.29.
⑾　同上書、p.31.
⑿　吉野英岐（2006）「戦後日本の地域政策」岩崎信彦・矢澤澄子監修『地域社会学講座第3巻地域社会の政策とガバナンス』東信堂
⒀　国土交通省都市・地域整備局編（2001）『大都市圏のリノベーション・プログラム（東京圏・京阪神圏）』財務省印刷局、p.1.
⒁　同上書、p.6.
⒂　同上書、p.9.
⒃　同上書、pp.12-14.
⒄　国土交通省国土政策研究会編著（2014）『「国土のグランドデザイン2050」が描くこの国の未来』大成出版社、p.143.
⒅　有識者会議からは2016年12月に最終報告書として「地域の課題解決を目指す地域運営組織――その量的拡大と質的向上に向けて――」が発表されている。

参考文献

馬場正尊＋ＯｐｅｎＡ，2016,『エリアリノベーション』学芸出版社.
宮内泰介編，2006,『コモンズをささえるしくみ』新曜社.
三俣学・森元早苗・室田武編，2006,『コモンズ研究のフロンティア』，東京大学出版会.
室田武編著，2009,『グローバル時代のローカル・コモンズ』ミネルヴァ書房.
三俣学・菅豊・井上真編著，2010,『ローカル・コモンズの可能性』ミネルヴァ書房.
清水義次，2014,『リノベーションまちづくり』学芸出版社.
山下詠子，2011,『入会林野の変容と現代的意義』東京大学出版会.
吉野英岐，2009,「集落の再生をめぐる論点と課題」日本村落研究学会監修・秋津元輝編『村落社会研究45　集落再生』農山漁村文化協会.
吉野英岐，2012,「東日本大震災後の農山漁村コミュニティの変容と再生」コミュニティ政策学会編『コミュニティ政策10』東信堂.
吉野英岐，2013,「昭和・平成の合併における地域統合政策の展開と課題――青森県八戸市南郷区を事例として――」(日本村落研究学会企画『村落社会研究49検証・平成の大合併と農山村』，農山漁村文化協会.

◆特集　地域社会における共同性の再構築

長続きする地域社会のあり方

藤山　浩

1. 同時多発的な地域社会の限界状況〜集中型国土がもたらしたもの

　日本の地域社会において現在最も懸念される持続性危機は、人口問題である。

　中山間地域の農山漁村では、長年主力世代であった「昭和ひとけた世代」の「引退」により、人口急減局面を迎えている。1970年代以降急速に整備された大都市の郊外団地には、団塊世代が中心となり、前代未聞の一斉高齢化の波が押し寄せている。また、一見、「勝ち組」に見える東京23区内でも、30年後には、1km四方に高齢者だけで4〜5千人が暮らす状況が出現する。そして、2011年に発生した東日本大震災は、集中型国土の危うさを前代未聞の原子力発電所事故も含めて広く国民に知らしめた。そして、都市への人口ならびに産業の集中を支えてきた地球規模の資源やエネルギーの収奪自体が、地球温暖化等を見ても、持続可能でないことを明らかにしつつある。

　このように、高度経済成長以降、ひたすら「規模の経済」を志向して集中型国土をつくってきた帰結は、地域社会の同時多発的限界状況となっており、「2周目」以降に進めない地域社会の「使い捨て」が始まろうとしている。

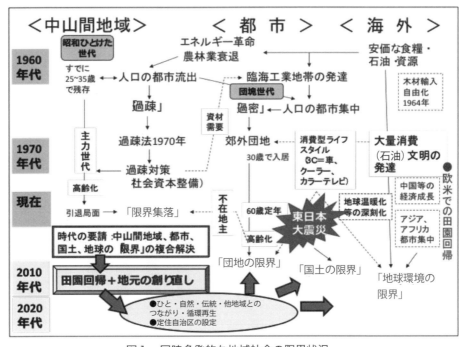

図1　同時多発的な地域社会の限界状況

2. 田園回帰の必要性・可能性と所得の取り戻し

　このような集中型国土がもたらす限界状況に対して、バランスのとれた居住と地域に根ざした暮らしを取り戻す田園回帰の動きが、2010年代になり全国各地で見られる。人口減にあえぐ地域においても、平均すれば地域人口の1％分の定住を毎年増加させることにより、持続的な地域人口の展望を開くことができる（人口の1％戦略）。

　例えば、秋田県は、今後、都道府県で最も人口減少と高齢化が先行して進むことが予測されている（図2）。

　しかしながら、合計特殊出生率を1.80に回復させ（現在は1.41）、10代後半から20代前半にかけての流出率を現在の3分の2程度に抑制し（男29％→20％、女31％→20％）、県人口全体の1％の定住増加を実現すれば、人口と高齢化の長期安定化が実現する（図3）。

　このような人口1％分の定住増加に必要な所得増加は、当然ながら現在の地域所得の1％分であり、「地元」としての一次生活圏を基本単位として、地方都市圏全体の域内循環を再構築することで、十分取り戻しの可能性が生まれる。

　例えば、他の多くの地方圏と同じく、秋田県全体においても、住民所得にほぼ等しい金額を県外から購入している実態がある（図4）。これは、域外に流出しているモノやサービスの需要の1％分を域内での調達へと振り替え、原材料も含めて域内で生産すれば、その付加価値はすべて域内に収まり、1％分の所得取り戻しが実現する（所得の1％戦略）。つまり、食料やエネルギーをはじめ改めて自給可能性に着目し、地域内における循環型経済への進化を図ることが、地域人口と地域経済の長期にわたる持続性のカギとなっているのである。そうした地域における定住と経済循環の核となるような地域社会の新たな結節機能が求められている。

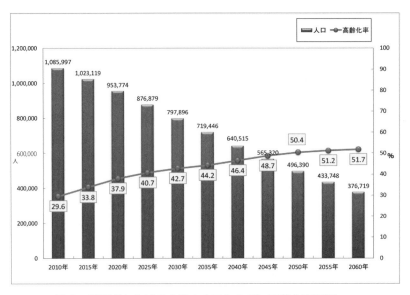

図2　秋田県における今後の人口ならびに高齢化率予測
＊2010年・2015年の国勢調査データにより、筆者が予測（コーホート変化率法）

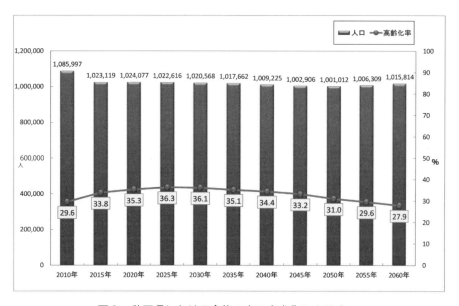

図3　秋田県における今後の人口安定化シナリオ
＊2010年・2015年の国勢調査データにより、筆者が作成（コーホート変化率法）

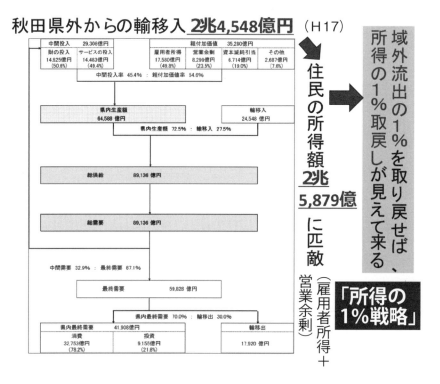

図4　秋田県における県内外のマネーフロー
＊平成17年度秋田県産業連関表による

◆特集　地域社会における共同性の再構築

3. 新たな結節機能の創設〜「小さな拠点」

　現在全国で進められている地方創生の取り組みでは、集落地域における地域振興の核として、分野を横断した複合的な機能やネットワークを支える「小さな拠点」を形成することが政策の軸として掲げられている（図5）。

　地元における定住と経済循環を支えるためには、分野と集落を横断した多角的な結節機能を発揮するこの「小さな拠点」を一次生活圏（人口300人から3,000人程度と想定される）の中心に新たな社会インフラとして形成していくことが望まれる。そこは、何よりも人々の日常的な集い、出会い、語らいの場（＝サード・プレイス）であり、持続可能な地域社会を支えるコミュニティ、産業、交通、エネルギーに関わる複合的な広場となり、より広域の地方都市圏も含めた重層的な循環圏の基底を担う（図6）。このような地域社会の構造進化は、来るべき循環型社会に向けて、重要なステップとなるであろう。

4. 求められる「.Xの社会技術」

　「小さな拠点」を動かす運営原理は、当然のことながら、縦割りの専門分野ごとに「規模の経済」による個別最適を目指すものではない。従来軽視されたきた「0.1」・「0.3」といった1人役に満たない生産や活動を域内でつないで活かす「コンマ.X」の社会技術こそ、地元の自然や暮らしの本来的な多角性を引き出し、地域社会としての全体最適をもたらすものとなる（図7）。資源利用にしても就業形態にしても「合わせ技」が決め手となる。

　このような細やかな個人ごとの助け合いのニーズやシーズについては、地域社会の外から「規模の経済」的なアプローチで対応することは、3つの「壁」の存在により、極めて困難

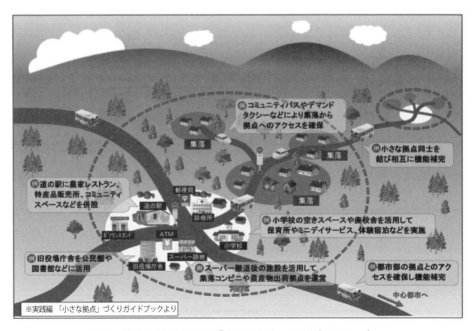

図5　集落地域における「小さな拠点」の形成イメージ

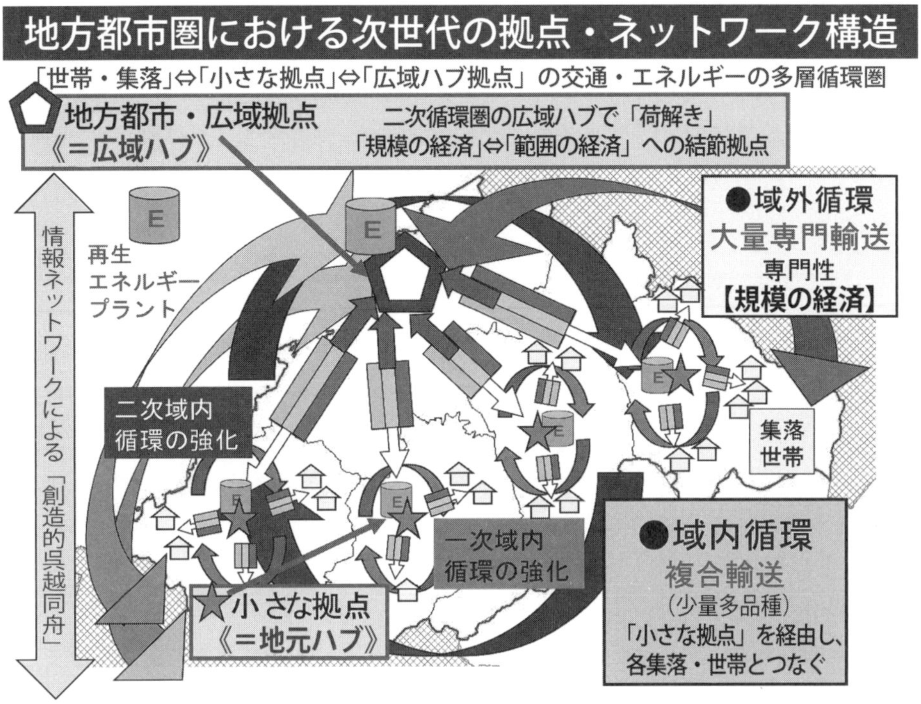

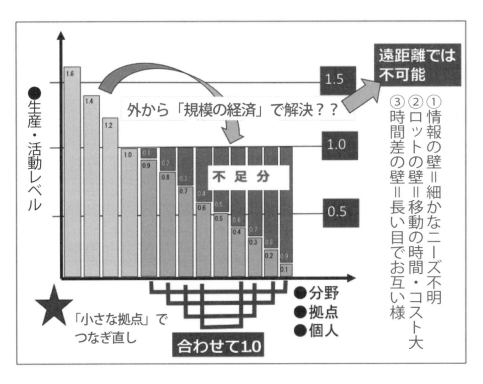

図6 「小さな拠点」を基底として地方都市循環圏のイメージ

図7 「コンマ.X」の社会技術の展開イメージ

となる。第一は、「情報の壁」であり、外部からでは、個人ごとの細かなニーズ等を把握することがまず難しい。第二は、「ロットの壁」であり、1人役として成立しない小さな仕事のために遠距離を移動するのでは、時間やコストが割に合わない。第三は、こうした地域社会内の助け合いは、短期間のうちにその「収支」をバランスさせることは難しく、長い間時には世代を超えて同じ場所で暮らす集団として、「お互い様」の継続的関係の中で営み得るものとなる。

5. 最後に残り、支えるものは「記憶」

　私たちが暮らしている地域社会は、決して「今だけ、自分だけ、お金」だけの営みだけでは、今の姿になっていない。自分一代のことだけでなく、高い志をもって地域社会の持続性を高めた人の記憶は、しっかり人々の心に残るものなのだ。中山間地域にせよ、都市にせよ、次の世代に勇気を与える「記憶のリレー」が紡がれる地域社会にしていきたいものである。

　現代の地域社会においては、人々同士の社会経済的な分断が進行してきた。お互いの力や意志を身近な場所で結び付けていける「小さな拠点」のような結節機能を創出することが強く求められている。

参考文献
藤山　浩，2015,『田園回帰1％戦略』農山漁村文化協会
藤山　浩，2018,『循環型経済をつくる』農山漁村文化協会

共有林における部外者入山制を促す社会関係
―― 福島県会津地方における比較研究から ――

林　雅秀

1. 問題意識[1]

1.1　日本の共有林利用の変化：過剰利用から過少利用へ

　集団と資源との間の権利関係が近世期までに確立されていた場合が多いとみられる日本の入会林野では、牛馬のための飼料や緑肥（刈敷）や萱を採取するための草地としての利用、薪炭材採取の場としての利用、および用材採取の場としての利用と、おおまかに分けて3種の利用が行われてきた（所1980；林業発達史調査会編1960；水本2003）。このうち草地利用については、地域的な偏差を伴いつつも、近世以来の金肥の普及と近代以降の化学肥料の普及によって緑肥利用が減少した。さらには牛馬生産の収益性の低下によって飼料用草地の利用が減退した（近藤編1959；須賀・岡本・丑丸2012）。このようにして草地として利用される入会林野の面積は大きく減少した（小椋2012）。薪炭利用については、明治期以降の鉄道網の発達とともに炭や薪の商品化が進んで一時的に利用が拡大したものの、1950年代以降の石油の普及とともに急速に減少した。用材利用については、明治中期以降の産業の発展とともに大都市周辺地域において人工林植栽が拡大し、さらに戦後の住宅不足の時期に人工林植栽は全国的に拡大した。

　このように近代以降、入会林野の利用は採草利用や薪炭利用を主とする時代から育成林業による木材生産を主とする時代に移った。しかし、1960年代以降は木材輸入の増加とともに木材価格が低迷し、多くの地域で植栽された人工林があまり利用されない状況に陥った。国内の丸太生産量はピークだった1967年の5,181万m^3から2002年には1,598m^3（自給率18.8％）まで減少した[2]。その後は増加傾向にあるとはいえ、2016年の国産材自給率は33.2％であり、いまだに木材利用は低位な水準にとどまっている。したがって近年は、草地利用、薪炭利用、および用材利用のいずれについても、以前に比べるときわめて低い水準でしか利用されていない。本研究はこうした状況を過少利用状況と呼ぶこととする。

1.2　北米でのコモンズ研究への注目

　共有林の持続的利用に関わる先行研究として国外に目を向けると、主に北米の研究者が進めているコモンズ研究がある。コモンズ研究の社会科学理論上の重要性を広く知らしめた『Governing the Commons』のなかでOstrom（1990）も、McKean（1992）[3]の研究に依拠しつつ、日本の伝統的な入会林野の長期にわたる持続的利用を可能にした条件を検討している。コモンズ研究のひとつのきっかけがHardin（1968）によって問題提起された「コモンズ

の悲劇」であったことからも分かるように、理論的水準では集合行為論（Olson 1961）や社会的ジレンマ研究と深い関係がある。

　Ostrom に触発されたコモンズ研究者は、林野・水利・漁場などのコモンズ（コモンプール資源）の持続的利用を可能にする条件を、非常に多数の事例研究にもとづいた質的研究と量的研究に加えて、モデル研究・シミュレーション研究・実験研究などの多様な研究手法を用いて探求してきている（Poteete et al. 2010）。これまでに重要とされているコモンズ管理の成功条件として、集団やその構成員の特徴にかかわって、構成員のメンバーシップが明確であることや、集団サイズが小さいこと、集団の構成員の異質性が小さいことなどが指摘されている（National Research Council 2003）[4]。本研究においても、集団サイズと構成員の異質性・同質性に着目する。

　林野コモンズに限定して管理の成功要因を整理したレビュー論文では、森林から得られる産物が多様であるために、目的の異なる多様な利用者がしばしば競合することが指摘されている（Gibson et al. 2000; Agrawal 2007）。本研究は、従来の利用者と新たな利用者である部外者の利害をいかにして調整するかという課題に取り組むものでもあることから、Gibsonらが指摘した課題の解決策を検討するものと位置付けることもできる。ただし、北米のコモンズ研究のほとんどは、共有資源の過剰利用が危ぶまれるような状況にあることが前提とされている点で、本研究が問題にしている状況とは異なる。

2. 調査対象地の概要と本研究の課題

　以上の背景と先行研究をふまえた本研究の問題関心は、日本の山林が過少利用状況と呼べる状態にあるなかで、山菜・キノコ採取を主な利用目的とした共有林管理においてどのような社会関係が望ましいのか、というものである。以下では、研究課題を具体的に掘り下げるために、調査対象地における共有林利用の概要を整理しよう。

2.1 只見町の概要

　調査対象の福島県只見町は総面積74,753haのうち、森林が約94%の70,265haを占める山村地域である。本研究の主な調査時点に近い2010年時点の人口は4,932人（国勢調査）で、人口が最多だった1955年の13,106人のピーク時に比べると38%まで減少している。1953年着工、1960年竣工の田子倉ダムの建設に伴う一時的な人口流入があったことを差し引いたとしても、人口減少の激しい地域であり、近年も減少傾向が続いている過疎地域である。高齢化率は41%と高く、就業者総数は2,315人で、このうち第1次産業が16%、第2次産業が33%、第3次産業が50%である。ただし、のちにみるように、こうした高齢化率や就業者の産業別構成には、町内の集落ごとに偏りがみられる。

2.2 共有林の定義と植生タイプ

　ここでまず、本研究でいう「共有林」の定義を明らかにする。本研究では、山菜・きのこの利用に関して、集落が事実上の管理を行っている林野を「共有林」と呼ぶ。このなかに

は、土地登記上の所有者が、原則として集落内に居住している多数の共有権者であるもの（＝記名共有）のほか、国（国有林）や只見町等（町有林および財産区有林）であるものが含まれる。このように「共有林」の語を広義に用いるのは次の理由からである。只見町内の国有林の多くは、国有林野の管理経営に関する法律に規定されている共用林野制度に基づいて集落ごとの住民を共用者として普通共用林野に設定されている。この集落ごとの普通共用林野では、集落住民は林野庁の経営の対象である立木は伐採できないものの、下草等を採取できる。その代償として集落住民は、国有林との間の契約に基づいて、森林火災や盗伐などから国有林を守る内容の保護義務を負っている。公式にはこの共用林野制度を根拠として、山菜・キノコなどの下草等の利用や管理は地元集落に委ねられている。只見町の町有林の多くは、明治の終わりから大正期に全国的に展開された林野政策の1つである部落有林野統一事業によって、かつて部落有（＝集落有）だった林野が旧3村の町有となった場合が多い（酒井 2003）。なお、旧3村のうちの1村は、只見町に合併する際に財産区を設置している。そうした歴史的経緯から、町有あるいは財産区有の林野においても、下草等の管理については町が各集落に委ねている。このように山菜・キノコ利用に注目する場合、只見町では、国有林や町有林においても記名共有の場合と同様に集落がその管理のあり方を決めている。そこで本研究はこれらすべてを「共有林」とみなして議論を進める。

　次に、只見町内の共有林の主な植生タイプは、①天然ブナ林、②低木林、③天然二次林、④スギ人工林の4つに大きく分けられる（只見町史編さん委員会編 2001）。①天然ブナ林では、戦後のある時期にパルプ用として大規模な伐採が行われ、その後も原木ナメコ栽培を目的とした伐採が行なわれていた。しかし、2007年には只見町内の国有林が「奥会津森林生態系保護地域」に指定され、それ以降は国有林内のブナは伐採できなくなった。同保護地域は森林生態系保護地域として国内最大（総面積838.9km^2）で、保全しながら山菜・キノコ採りなどの一部の利用も認められている「保全利用地区」が9割以上を占めているのが特徴である（松浦 2010）。②低木林は、急斜面に平年の最大積雪深が2mを超える多量の降雪がもたらされることで形成される特徴的な植生タイプである。急斜面での積雪は雪崩によって地面に対して浸食作用をもたらし雪食地形と呼ばれる地形を形成し、高木が育たず、せいぜい数メートル程度の低木林が生育する（只見町史編さん委員会編 2004）。低木林の林床ではゼンマイをはじめとして光を好むタイプの山菜が豊富に生育する。③天然二次林（＝雑木林）は、1960年代までは薪炭林や採草地として利用されていた場所で、その多くは入会的に利用されていたと考えられる。60年代以降は薪炭利用や採草利用が行われなくなり放置された結果、現在はコナラやミズナラが自然のままに生育する雑木林となっている。④スギ人工林は、かつてパルプ用として伐採された天然ブナ林や天然二次林の跡地に植栽されたものが多い。

2.3 ゼンマイ採集の推移

　近世には換金用の山菜として利用されていたゼンマイは、大正期に大阪市場向けの商品として生産量が拡大したものと考えられる（池谷 2003）。その後も1980年頃までは、只見町内で広大な低木林が分布する一部の集落において、かなり盛んにゼンマイ採取が行なわれて

いた。そうした集落では、集落の居住地から離れた場所で生育するゼンマイを採取するために、深い山林内に泊まり込むことが行われていた。ゼンマイの採取期間は例年5月中旬からの1～2か月間で、その間は、最初は雪解けの始まる山の麓で採取を行い、雪解けとともに徐々に上方へと移動しながら採集を行った。期間中は、夫婦や親戚などの2人または3人程度のグループで森林内に設置した山小屋に泊まり込んでゼンマイの採取と乾燥の作業を行った。乾燥によって生ゼンマイの重さは1/10程度にまで減るため、運搬にも有利になる（三井田1973；池谷2003）。こうした採集方法を只見町民は泊まり山と呼んだ。一方、居住地から地理的に比較的近い場所で日帰りでゼンマイ採集を行い、居住地の近くで乾燥を行うことを住民たちは通い山と呼んだ。泊まり山の場合、ゼンマイの生育場所のすぐ近くに山小屋を設置すれば生育場所への移動時間を節約して効率よくゼンマイを採取できる。一方、通い山の場合、毎日居住地から最終地まで移動しなければならないため、泊まり山よりも効率は悪かった。聞き取りによれば、2カ月間ほどの泊まり山が行われた集落では、その期間の収入が多い場合で一世帯あたり数百万円にのぼったとされ、地域住民にとっての主要な収入源の1つであった。

　只見町での泊まり山による採集は2000年頃までは続いていたとみられるものの、その後は、採集者が高齢化する一方で若者が参入しなかったこと、ゼンマイ栽培が行なわれるようになったこと、ゼンマイそのものの国内需要が減少したこと、中国産のゼンマイが輸入されるようになって国産への需要が減少したことなどから、行なわれなくなった。2009年頃の調査では、泊まり山が行なわれている事例を聞く機会はなかった。ただし現在でも、地元の民宿や旅館などでは栽培ものよりも天然物のほうが好まれている。そのため、林内の奥深くにアクセスできる道路が整備されたエリア等において、過去と比べるとかなり少ないながらも通い山による天然ゼンマイの採集が続けられている。

2.4 共有林における部外者入山の増加

　只見町やその周辺の山間地域では、1970年頃以降に国道建設（国道289号等）が進んで域外からのアクセスが容易になったことや、一般市民による自動車保有者が増えたことなどから、山菜・キノコ採取を目的とする外部者による入山が増加した。こうした傾向は岩手県での調査結果にもとづいた指摘と同様である（斎藤2006）。只見町内の住民の視点から、外部者には大きく2つのタイプがあると認識されている。1つは自家消費を目的とした入山者で、もう1つは販売目的で採集を行う入山者である。前者は1人から数人で行動し、後者では5人以上のグループで入山するケースも多数目撃されている。後者の外部者は山菜を根こそぎ採取するなど資源の継続的な利用に配慮しないような採取方法をとっていると住民から認識され、そうした外部者に対する反感を口にする者も多い。たとえば住民が、外部者入山が許されていない区域で外部者を発見したので入山禁止を指摘したら、国有林だから誰が入山してもよいはずだといった旨の反論をされた、というような話がしばしば聞かれる。

　ここまでの説明をふまえて本論文の課題を明確にしておきたい。只見町の住民自身による山菜・キノコ資源利用は以前の利用と比べると需要が低下して過少利用状況にある。その一方、住民にはとくに販売目的の外部者に対してマイナスの感情を有している者が一定数存在

している。つまり、新たな利用者である外部者による需要が存在するにもかかわらず、その利用は認められにくい状況が生じている。農地をはじめとして林野以外の資源が限られている山村地域においては、林野資源の有効活用は数少ない収入源となりうる。実際、後述するように、外部者による共有林利用という需要を認めること、すなわち外部者の入山制度を設けることによって、地元住民も利益を得ている。本研究は、こうした外部者入山制を可能にする条件がどのようなものかを検討することを課題とする。条件にはさまざまなものが考えられるなか、本稿は集団の内部および外部の社会関係に注目する。

2.5 調査対象集落と調査方法

調査対象は、主に山菜・キノコ採取を目的として共有林を利用・管理している10集落（A～J集落）とした。集落の区長、記名共有の共有林の代表者、古くからの山林利用に詳しい人物など、各集落で5名前後、計50名ほどの関係者を対象として、2009年から2011年にかけてインタビューによる調査を行った。調査対象の候補者は、只見町役場から紹介を受けたほか、既調査者の紹介という形で芋づる式に候補者を決めた。主な調査項目は、共有林の植生タイプおよび所有関係、集落住民自らによる山菜・キノコ資源の利用状況の変遷、外部者入山のための利用ルール、集落内の人口構成や社会活動の実施状況などである。

本研究でいう集落は、1集落のみの例外を除けばすべて近世村に由来する地理的範囲を指している（只見町史編さん委員会編 1998）。現在、只見町内には計26集落があり、そのうち山林面積が比較的多い10集落を調査対象として選択した。

3. 積極的外部者入山制を促す条件

3.1 過去のゼンマイ採集への依存

調査した10集落のうち、6集落でかつて泊まり山によるゼンマイ採取が行われており、通い山は10集落すべてで行われていた。泊まり山が行なわれていた集落のうち、ゼンマイ採集活動がもっとも盛んだった2つの集落では、割山と呼ばれる方式で各世帯が採集できる領域の分配が行われていた（池谷 2003；三井田 1973）。したがって、集落ごとの過去のゼンマイ依存度の高さは、最も依存度の高い割山が行なわれていた2集落（C・D集落）、依存度が中程度で割山ではない泊まり山が行なわれていた4集落（A・E・F・G集落）、依存度が比較的低い通い山のみが行なわれていた4集落（B・H・I・J集落）の3タイプに分けることができる。なお、集落ごとの過去のゼンマイ依存の高低は、雪食作用によって形成された低木林が集落内に広く分布しているか否かによって決まる。

3.2 積極的部外者入山制

集落ごとに行われていた部外者入山制は、資源の種類や大きさと制度運営の積極性という2つの観点から分類することができた。このうち1点目の、利用する資源の種類や領域の大きさという観点からは、大きく分けて3つのタイプがみられた。1つ目はワラビ園で、面積が10haから広くても数十haほどまでの領域において主にワラビ採集のための入山料制を行

うものである。ワラビ園が行なわれていたのはA・B・Dの3集落である。ワラビ園の運営に必要な労力としては、入山料の徴収役兼無断入山者の監視役のほか、集落によってはワラビが生育しやすい環境を維持するための山焼き作業などが必要となる。なお、C集落内には個人経営のワラビ園が存在するものの、ここでは集落活動として行われているものを対象とするため、「なし」とした。2つ目は集落内の山林の広い領域で山菜・キノコ採集のための入山料制で、GおよびJの2集落で行なわれていた。この場合も無断入山者の監視役を山林内や共有林にアクセスする道路のゲート付近に置く必要がある。3つ目は登山と山歩きを目的とした入山制で、CおよびJの2集落で行なわれていた。登山や山歩きを目的とした入山制は入山料を徴収するものではないものの、山開きのイベントを開催した際に登山客に対して特産品の販売を行なったり（C集落）、山案内を行ったりすることで（C・J集落）収益を得ている。両集落とも、只見町観光まちづくり協会と連携して、入山者の増加を図っている。なお、C集落内には美しい独立峰の山があり、J集落内には数百年生を超えるブナを中心とした天然林が広がっているため、登山者や観光客がこれらの山林資源を利用している。

　2点目の観点である部外者入山制（あるいは入山禁止制）の運営の積極性という観点からは、積極的か消極的かで大きく2つに分けることができた。したがって、各集落の制度は、積極的入山制（A・B・C・G・Jの5集落）、消極的入山制（D集落）、積極的入山禁止制（F集落）、消極的入山禁止制（E・H・Iの3集落）の4タイプに分類できた。

　積極的入山制と消極的入山制の違いをワラビ園を例に説明しよう。例として、ワラビ園の積極的な運営を行っているA集落では、5月中旬以降の約2か月間はゲート付近に入山料徴収役を置く、ゴールデンウィーク前後の雪解け直後に集落構成員十数人が参加して山焼きを行う、秋には支障の出る低木や草の刈払いを行うなど、各種の共同作業が行なわれている。また、只見町観光まちづくり協会と連携することで入山者の増加を図っている。一方、ワラビ園の消極的な運営を行っているD集落では、シーズン中の監視・徴収役の設置や山焼きなどの共同作業、まちづくり協会との連携は行なわれていない。そのためこの2つの集落では入山料収入にも大きな差があり、A集落の百万円以上に対してD集落は数十万円ほどと少ない。ちなみに、D集落に徴収役がいなくても一定額の入山料収入があるのは、常連客が集落の知り合いを通じて（律義に）入山料を支払うケースがあるからである。

　次に、積極的入山禁止制と消極的入山禁止制の違いを説明しよう。積極的入山禁止制をとったのはF集落のみで、ここでは外部者に対して入山禁止区域を知らせるための多数の看板の設置や、ルールを破って入山する外部者を見つけるための監視活動などが定期的に行なわれていた。入山者を発見した場合には山菜を没収して警察に通報するなど、厳しい措置がとられた時期もあった。一方、消極的入山禁止制をとっている集落では、原則として外部者の入山を禁止しているものの厳しい監視活動は行われていなかった。そうした集落では、他の集落での外部者入山制や厳しい監視活動についての知っていても、自分たちの集落は高齢化が進んでいるため入山制の実施は難しい、などの意見が聞かれることが多かった。

　以上、各集落の部外者入山制の種類と積極性を整理したのが表1である。積極的部外者入山制の特徴をまとめると、集落内の全部または一部の共有林において入山料を支払うことで外部者の入山が認められ、入山料は集落の収入として活用されていた。こうした制度を実現

表1　集落ごとの部外者入山制の特徴

集落	部外者入山の特徴		運営の積極性	積極的部外者入山制
	ワラビ園以外の共有林	ワラビ園の運営		
A	原則禁止	あり	積極的	＋
B	原則禁止	あり	積極的	＋
C	山案内	なし	積極的	＋
D	原則禁止	あり	消極的	－
E	原則禁止	なし	消極的	－
F	厳しく禁止	なし	積極的	－
G	入山料制	なし	積極的	＋
H	原則禁止	なし	消極的	－
I	原則禁止	なし	消極的	－
J	入山料制、山案内	なし	積極的	＋

表2　集落ごとの人口構成と社会関係の概要

集落	世帯数		農家率	人口		高齢化率	社会関係		
	総数	農家数		総数	65歳以上		寄合への参加率	共同作業の参加率	その他の特徴的な集落活動
	2005年[1]	2005年[2]	2005年	2010年[1]	2010年[1]	2010年			
A	30	19	63.3%	70	37	52.9%	高い	高い	集落独自のお祭り
B	7	6	85.7%	15	8	53.3%	高い	高い	集落独自のお祭り
C	118	77	65.3%	250	129	51.6%	高い	高い	集落独自のお祭り
D	50	28	56.0%	119	61	51.3%	高い	高い	－
E	469	73	15.6%	1156	409	35.4%	低い	低い	－
F	216	81	37.5%	560	245	43.8%	低い	低い	－
G	89	49	55.1%	236	91	38.6%	高い	高い	伝統芸能活動
H	50	33	66.0%	135	58	43.0%	高い	高い	－
I	52	38	73.1%	152	67	44.1%	高い	高い	－
J	61	39	63.9%	140	65	46.4%	高い	高い	農村ツーリズム

1)「国勢調査」(町丁・字等別集計) より。
2)「農林業センサス」(農業集落カード) より。
　なお、2010年には離農が進んだ影響で農家数が少なく、農家率の算出根拠として適当でないと判断したため、2005年のデータを掲載した。

するためには、入山料徴収や、入山が禁止されている箇所(私有地など)への侵入を禁止するための標識設置など、一定の人的および物的資源の投入が必要であるといえる。

3.3　集落における構成員の異質性と社会関係

調査した10集落の世帯数や人口は表2の通りである。只見町は1955年に旧3村が合併して誕生している。それぞれの旧村には中心的な集落が存在し、そうした集落には、農家のほかに、公務員、商店経営者、民宿経営者などがあることから、構成員の職業の異質性が高い。10集落のなかではE集落およびF集落が旧村の中心的な集落に相当する。これらの集落は世帯数と人口が比較的多く、高齢化率が低い。その一方で、旧村の中心的な集落以外の集落では、兼業農家が多く、構成員の職業の同質性が高いという特徴がある。また、そうした集落では高齢化率が相対的に高く、なかには50%を超えている集落もある。

集落ごとの構成員の職業の同質性(農家率の高さ)は、集落内の社会関係と強い関係があ

ると考えられる。集落内の社会関係に関しては、集落（区）の総会や役員会などの寄合への参加率、道路清掃や水路清掃などの共同作業への参加率、そして部外者入山制以外の特徴的な集落活動の有無について、区長等に対するインタビューと総会や役員会の資料等によって調査を行なった。その結果、寄合への参加率ならびに共同作業への参加率が低いのはE集落とF集落で、これら以外のすべての集落で寄合等への参加率は高いことが分かった（表2）。また、部外者入山制以外の特徴的な集落活動が行なわれていたのは、A・B・C・G・Jの5集落だった。具体的には、A集落とB集落は共同で地域独自の観光協会を組織しており、山菜・キノコやその加工品の生産と販売を行い、春には山菜祭りなどのイベントも行っている。C集落は夏の川遊びのイベントや「花輪踊り」と呼ばれる伝統芸能を行っている。G集落は「早乙女踊り」と呼ばれる伝統芸能を行っている。また、J集落は廃校を利用した宿泊施設を運営してグリーンツーリズムに取り組んでいる。

3.4 積極的部外者入山制を促す要因

ここまでの検討をふまえて、各集落における積極的部外者入山制を促す要因を検討したのが表3である。なお、これまでに述べていない点として、道路の地理的特徴について、ワラビ園以外の広い領域での入山制実施の容易さに関わるため説明が必要である。共有林にアクセスする道路の地理的特徴として、その道路が行き止まりの1本道か、あるいは通過可能かで部外者入山の監視の容易さが大きく異なる。行き止まりの場合は1か所でのみ監視を行なえば済むため、通貨可能な場合に比べて入山者の監視が容易である。調査から、道路が通過可能なのはE集落とJ集落のみで、それ以外の集落は行き止まりだった。しかし、表3から分かるように、通過可能なE集落においても広い領域での山菜・キノコ採集を目的とした積極的部外者入山制が行なわれていた。したがって、道路の地理的特徴は部外者入山制実施に影響する重要な要件ではあるものの、必ずしもそれだけで入山制の実施がきまるわけではないと理解できる。

本研究の関心である集落の社会関係については、社会的ネットワーク論の用語を借用して、寄合や共同作業への参加率の高さを社会関係の密度の高低として、また、特徴的な集落活動の有無を社会関係の強弱として言い換えることができるため、表3ではそのように表記

表3 各集落の積極的部外者入山制を促す要因

集落	積極的部外者入山制	道路の地理的特徴	農家率	高齢化率	社会関係	
					密度	強さ
A	＋	行き止まり	63.3%	52.9%	高い	強い
B	＋	行き止まり	85.7%	53.3%	高い	強い
C	＋	行き止まり	65.3%	51.6%	高い	強い
D	－	行き止まり	56.0%	51.3%	高い	弱い
E	－	通過可能	15.6%	35.4%	低い	弱い
F	－	行き止まり	37.5%	43.8%	低い	弱い
G	＋	行き止まり	55.1%	38.6%	高い	強い
H	－	行き止まり	66.0%	43.0%	高い	弱い
I	－	行き止まり	73.1%	44.1%	高い	弱い
J	＋	通過可能	63.9%	46.4%	高い	強い

した。前者については住民同士のつながりの多さを表していると考えられるし、後者については先に挙げたような特徴的な集落活動を行うためには少なくとも一定数の住民がその活動に強くコミットする必要があると考えられるからである。

　そのうえで積極的部外者入山制を促す社会関係の特徴を検討すると、強い社会関係を有している集落において積極的部外者入山制が実施されているといえる。密度については、密度が低い場合に積極的部外者入山制が行なわれることはないものの、密度が高い場合に必ず積極的部外者入山制が行なわれるわけではなく、行なわれない集落も存在する（D・H・I集落）。密度の高さは農家率の高さ、すなわち構成員の職業の同質性と一致している。したがって、構成員の関心が共通しており、寄合や共同作業の機会に頻繁に顔を合わせるような社会関係は必要だが、必ずしもそれだけで部外者入山制が可能になるわけではないと理解できる。

　一方、集落の高齢化率と部外者入山制の実施との間に強い関連は認められなかった。E集落のように高齢化率が比較的低くても部外者入山制が行なわれていないケースもあったし、逆にA集落やB集落のように高齢化率が高いにもかかわらず部外者入山制が行なわれているケースがあった。

3.5　いくつかの事例紹介

　以下では、2集落に絞って部外者入山制の運営やそこに至るまでの経緯についての具体的な事例を紹介する。その際、これまでに説明していない要因、すなわち集落のリーダーと外部の資源との結びつきに注目したい。

3.5.1　A集落の場合
3.5.1.1　集落の概要

　A集落の世帯数は30戸と比較的少なく、兼業農家が多く構成員の職業は均質的である。この集落では1960年頃までは約60戸あったものの、半分の約30戸は当時のダム建設に伴って水没し、集落外に移転した。農地面積は限られており1戸当たりの水田面積も0.5haと小さい。また、集落内の宿泊施設として民宿が1軒ある。集落の共同作業は道路や水路の普請が年に4回で原則全員参加だが、高齢化率が50%を超えているこの集落では、実際には20戸くらいが参加する。参加できない人は出不足金を支払うルールだが、慣例として高齢で参加が難しい人からは出不足金も徴収しない。集落の総会には8割以上の世帯が参加している。

　共有林の特徴として、国有林が奥山に多くブナ林と低木林が広がっており、集落から比較的近い場所に記名共有の共有林と町有林がある。町有林はかつて採草地や薪炭林として利用してきた場所が多いため二次林が多いものの、一部には原生状態に近い広葉樹も残っている。町有林では、A集落が只見町から借り受けて毎年賃料を支払い、集落住民が利用している。共有林内の低木林では以前はほとんど全戸がゼンマイ採りを行っていた。ただし、集落から遠い場所はなかったため泊まり山を行う世帯は少なかった。

3.5.1.2　特徴的な集落活動

　調査時点（2010年）で天然のゼンマイを採って売る人は2名、ゼンマイを栽培する世帯は

10戸ほどあった。ワラビ、ウド、コゴミなどのゼンマイ以外の山菜については、自家用で採る人がほとんどで、一部の人は千葉県内の直売所に出荷している。この直売所での販売は、A集落のほかB集落ともう一つの集落が共同で設立した振興協議会という名称の組織が行っている。また、この集落には元区長で集落のリーダー的存在であるM氏が中心となって設立された食品加工組合があり、この組合はおもに原木ナメコの製缶を行っている。原木ナメコ栽培とは、毎年5月頃に伐倒、玉伐りをして、現地でナメコのコマを植菌してナメコを栽培する方法である。この組合では約2万個のコマを植菌し、製缶は10月中旬から11月にかけての2週間くらいの期間に集落の20名くらいが関わって行う。このようにA集落では、集落内および周辺の集落の人々が共同で事業を興し、山菜・キノコ資源を利用して収益を上げる活動が行われている。

3.5.1.3 ワラビ園の運営

A集落によるワラビ園運営に至る経緯は次のようなものである。この集落のワラビ園のうち、もっとも広い約11haの土地かつてダムで水没した地区に住んでいた人たちが畑として利用していた土地だった。畑は高台にあったためダム建設後も水没しなかった。移転した元住民たちは集落に残った人たちにこの畑を売った。面積の多少はあったものの残った住民たち全員が畑を新たに取得し、1戸当たり平均面積は0.4haほどであった。その後、一時的に桑園として利用されたが、この土地はワラビがよく出る場所でもあったことから、当時町議会議員を務めていた前出のM氏の働きかけにより、数百万円の補助金を得て桑の木を伐採し、桑の根を掘り出し、火入れをするなどしてワラビ園として整備した。

ワラビ園を開始した頃から徐々に面積を増やして2010年時点で合計で17haほどのワラビ園の運営を行っている。このワラビ園の拡大に重要な役割を演じたのはボランティア団体である。ワラビ園を拡大し維持するためには、低木の伐採や草の刈り払い、毎年の火入れが必要であり、その作業は容易ではない。しかし、A集落には、只見町森林組合の職員の仲介によって、2002年頃から毎年1または2回、東京のボランティア団体から20人前後が来て、そうした伐採や刈り払い作業を手伝ってくれる。ワラビ園の拡大とともに、国道や県道からワラビ園にアクセスする道路の舗装工事も、町に働きかけて行った。そのためワラビ園のすぐ側まで大型バスで入ることができる。

ワラビ園の営業は例年、ワラビ等の山菜の出る5月中旬～6月の2ヶ月間のうちの、火曜、木曜、日曜の週3日である。この間に600～800人が入山する。入山料は半日で1人あたり2,000円なので1シーズンに140万円前後の売り上げとなる。毎日入山者を入れないのは、ワラビを採った後2日はワラビの生長を待つからである。入山料徴収のために営業日には1人か2人の案内人を置き、案内人には6,000円の日当を支払う。そのほかにワラビ園を管理するための作業として、秋の刈り払いと春の火入れを行う。10月の稲刈りが終わる頃の刈り払いでは参加者に6,000円の日当を支払う。火入れは毎年4月末～5月始めに行い、集落で出られる人全員が参加し、日当は出ないものの慰労会を行う。また、6月最初の日曜日には山菜まつりを開催し、例年数百人が訪れる。来場者には無料で山菜汁などをふるまうため、前日からテントを張るなどの準備を行う。インターネットや只見町観光まちづくり協会を通じた宣伝を行っており、福島県内の福島市や郡山市のほか、関東圏から来場者がやってくる。

ワラビ園の土地は集落の一部の住民がそれぞれに所有しているため、A集落が住民から土地を借りており、ワラビ園の売り上げのなかから賃借料を支払う。ワラビ園の全体の売り上げのうち、これらの賃借料と、日当や看板の設置といった運営や管理に要した費用を差し引いた残りは、集落の会計に繰り入れられる。したがって、ワラビ園の売り上げが多いほど、区民が毎年支払う区費が安くなる。

3.5.2 J集落の場合
3.5.2.1 集落の概要

J集落の世帯数は61戸、うち農家数が39戸で構成員の比較的均質的である。農家1戸当たりの水田面積は1.0haで決して大きくはないものの只見町の平均（0.8ha）よりは大きい。集落の通常の共同作業としては、4月、6月、8月、9月の道路清掃と7月の河川清掃があり、総会もあわせて出席率は高く、欠席者の多くは高齢者など出席が困難な人に限られるという。集落内の国有林は広く、ブナ林や低木林が分布している。ただし、この地域は割山が行なわれていたC集落やD集落に比べると積雪量が少なく、したがって雪食作用が少ないため、低木林がそれほど多くはない。そのためゼンマイ採りは比較的盛んではなく、泊まり山での入山者はおらず、みな通い山で採集していた。

この集落の記名共有の共有林は58戸が権利を有し、面積が大きかった。しかし、1990年頃に入会林野近代化法に基づいた個人分割によって大半が分割され、1戸あたり平均で約20haの私有林となった。この場所はかつては草地や薪炭林として利用され、現在は雑木林やスギ造林地となっている場合が多い。その後、分割によって取得された私有林の一部を只見町内の不動産仲介会社が買い取り、この土地を関東地方に向けて別荘地などとして販売した。集落内には別荘等が20戸ほど新たに建設され、うち3戸が定住している。当初、別荘が建設された場所が集落住民の水源地として利用されていた森林であり、そこに生活排水が流れたため問題となった。その後生活排水をより下流に流すための工事が行われてこの問題は解消した。しかし、こうした問題がきっかけとなり、法的拘束力のない土地利用計画を隣接する集落と共同で取り決めるなど、無秩序な別荘地開発を制限するための対策がとられた。このように集落と別荘地は一時的に対立していたものの、その後は次にみる集落活動によそ者の立場を活かして参画する人も出てくるなど、部外者の定住には良い面もあると理解されるように変化した。

3.5.2.2 特徴的な集落活動

この集落内には町が改築し、隣接集落の住民と共同で結成した団体が運営する元分校の宿泊施設がある。分校は1982年に廃校になってしばらくは利用されていなかったのが、当時の国土庁の過疎地域活性化施設整備事業を導入して1997年からは只見町の交流施設として運営が開始された。その後1999年からは町が運営する宿泊施設として運営されることになった。これらの経緯を実質的に主導していたのが当時は役場職員でもあったJ集落のN氏である。N氏は国土庁の事業を導入しようとした時点でこの旧分校施設を宿泊施設として運営し、集落の活性化を図ることを意図していた。しかし、当時すでに町で別の宿泊施設を建設して営業することが決まっていたことや、町内の民宿・旅館の経営者から民業圧迫という批判を受けたことなどから町議会が宿泊施設として利用することに反対したため、宿泊施設

ではなく交流施設という形で1997年に運営が開始された。それでもN氏は宿泊施設であればたとえ少数でも地元の雇用増加に結びつくため、地域の活性化のためには交流施設ではなくあくまで宿泊施設が必要と考えた。そこでN氏は千葉県内のK市に働きかけて宿泊施設としての利用が可能となるように働きかけた。N氏は姉妹都市であるK市の市長に頼み込んで只見町を表敬訪問してもらい、市長はK市民が低価格で利用できる宿泊施設の必要性を只見町議会議員らに対して訴えた。この表敬訪問の直後に旧分校施設を交流施設から宿泊施設に改築するための予算が町議会を通過し、1999年より町直営の宿泊施設として運営されることになった。

元分校の宿泊施設は2006年には町の直営から指定管理者による運営に移行した。この指定管理者となるために結成されたのがJ集落と隣接集落の住民から構成される任意団体（以下，O団体）である．分校施設では通常の宿泊客のほか、K市から毎年来る小中学生の体験学習の受け入れなどを行っており、郷土料理を中心とした食事が提供され、農業体験、伝統工芸体験などが行われる。さらにO団体では、集落内の森林でとくに原生的なブナ林の場所を中心として遊歩道を整備し、その場所で山歩きを希望する観光客らを受け入れる山案内を行っている。只見町観光まちづくり協会とも連携して観光客を受け入れている。2008年時点のO団体の利用者は1,900人、売上は560万円でこれらの多くは地区内の人々の現金収入となっている。

3.5.2.3 広い共有林における積極的部外者入山制

J集落では広い共有林において部外者入山制を行っている。以前は集落住民は多くの部外者が入山することによって山菜・キノコ資源が減少することと、ゴミなどによって山が荒れることを問題視していた。とくに一部の部外者による業者的で略奪的な採取に対しては強い反感も持っていた。その頃、大阪から来て昆虫採集を行っていたQ氏が、N氏から部外者の入山についての事情を聞き、Q氏はJ集落に対して50万円を寄付することになった。集落はこれを「Q基金」として運用しつつ、入山料制を開始した。部外者の入山にあたって新たな看板の設置と、畑や人工林などの区域に立ち入りを禁止するテープを貼る費用、入山許可証の発行などの費用をこの基金から支出した。入山券は商店や上述の宿泊施設など集落内の5カ所で購入することができる。その後の入山料収入はこの基金に繰り入れることにしており、入山料収入はこれらの費用を上回っているため、2010年まで基金は毎年増額した。入山者のなかには前出の宿泊施設を利用する者も多く、部外者入山制とその他の集落活動が密接に結びついている。

4. まとめと考察

本稿では過少利用状況のもとでは積極的入山制が林野資源をより有効に活用できる制度とみなし、それを可能にする条件を主に社会関係に着目して検討してきた。積極的入山制を行わない集落と比べたときのそれを行う集落の特徴として、住民による集落の集まりへの参加率が高いこと、成員の多くが農家で職業の同質性が高いこと、入山制以外の集落活動にも積極的に取り組んでいること、集落のリーダーと外部者との間で交流があること、などをあげ

ることができた。職業の異質性が高い集落では、山菜採りなどを行わないため山林への関心が低い人も多いため、山林を利用した積極的な活動への合意が得られにくいものと考えられる。ただし、職業の同質性が高い集落のすべてで、部外者入山制が行なわれているわけではなかった。一方、かつてのゼンマイ採取への依存度、ならびに高齢化率の高さと、積極的部外者入山制との間に関連は認められなかった。行き止まりか否かという道路によるアクセスの容易さは、広い領域での部外者入山制実施に際して重要な要件と考えられるものの、必ずしも部外者入山制実施の可否を決定する条件とは言えないと考えられた。また、本稿では2集落のみについての事例紹介にとどまるものの、A集落のM氏やJ集落のN氏のような集落のリーダーと集落外部の資源、すなわち町の補助金、東京のボランティア団体、姉妹都市の市長、集落の理解者であるQ氏などとの結びつきも、両集落において部外者入山制を実現するうえで重要な役割を果たしているといえた。これらの結果をごく端的にまとめるなら、集落のリーダーによる外部者との社会関係と、集落内の強い社会関係の存在を積極的部外者入山制の実施に必要な条件として指摘できる。言うまでもなく本研究は一地域内の10集落という少数の事例を用いた分析であるため、過度な一般化には慎重にならなければならない。

　そのことに注意しつつ、以上のような結果がもつ意味を従来議論されてきた過剰利用状況におけるコモンズ管理問題と対比的に考察したい。1つ目の論点として、過少利用状況は社会関係の希薄化を伴いやすいという問題を指摘できる。本稿で過少利用状況を前提として検討した、密な社会関係が問題解決を促すという結論は、過剰利用状況を前提とした社会的ジレンマの解決策と同じである（林・金澤 2014）。ただし、資源の過少利用状況という事態は、利用者集団のメンバーの減少とともに進行するため、社会関係の希薄化を招きやすいと考えられる。しかも、中山間地域においては、人口減少や高齢化が進行しているため社会関係の希薄化に拍車がかかっている。そのような事態の中で密な社会関係を維持するためには、利用者集団内においても従来とは異なる新たな社会関係を形成する必要があると考えられる。つまり、集団内で従来は結びつきが少なかった者同士が、新たに協力関係を結ぶ必要があるのではないだろうか。

　2つ目の論点は、資源利用者集団がどのようにして外部の利用者という価値に気付くかという課題への解決策を示唆するものとして、本研究の結果を解釈することができるというものである。新しい利用者を巻き込むためには、地元住民自身が資源に対する関心を低下させているなかで、あるいは従来の利用から得られる価値が低下した状況において、その資源に関心をもつ外部者の存在に気付くことが必要である。過剰利用状況において、利用者によるその資源の価値に対する関心が高まっているのとは対照的である。過少利用状況では、本稿で登場したM氏やN氏のように、部外者や外部の資源との繋ぎ役となるような人物が重要な役割を果たす可能性が高い。このことは、ネットワーク、すなわち社会関係の網の目のなかで仲介者としての位置を持つリーダーの存在（Burt 2001；高橋ほか 2009）が、従来の利用者集団と部外者とがもつ異なる価値の調整の役割を果たしているとも解釈できる。

　最後に、ここまでの本稿で十分に議論していない2つの論点に言及しておきたい。1点目に、外部からの入山者の排除のために積極的な資源投入を行うのはなぜか、という問題があ

る。本研究で議論してきた過去の資源依存や社会関係など要因のみではF集落がなぜ積極的な入山禁止制を行うのかの説明は難しいように思われる。過剰利用状況においては部外者排除という制度が合理的だが、F集落が直面しているのは、過少利用状況である。1つの説明としては、積極的な部外者入山制よりも積極的な入山禁止制のほうが相対的に少ない資源投入で実現可能だからという説明がありうる。つまり、集団の規模が大きく異質性の高いF集落において、構成員の大半が山林に対して共通の関心を持っていなくても、一部の人々が制度の運営に協力的であれば積極的な入山禁止制は実現可能なのかもしれない。

　2点目に、同質的で社会関係の密度が高いことは、外部者入山制の実施のために必要だが十分ではないという結論に至ったが、それはなぜかという問題である。仮説的な説明として、密度の高い社会関係だけでなく、集団の構成員たちに新しい価値を気付かせるようなリーダーが存在することが重要という説明がありうる。しかしこの点について本稿は2つの事例しか紹介しておらず、さらなる検討の余地が残る。

　日本の共有林において、今後も過少利用と呼ぶべき状況が続くかどうかは不透明である。今後の数十年以上の長期を想定すれば、資源の少ない日本では木質資源の新たな用途開発によって需要が高まる可能性もあり、過剰利用へと向かうことも十分ありうる。さらに長期的に考えれば、過剰利用に向かう時期と過少利用に向かう時期を繰り返しているとみることもできる。そうした需要の変化を見極めながら、ルールや制度を適切に変化させられる集団が共有林の長期的な管理に成功するように思われる。

注
(1) 林・金澤（2014）は基本的に本稿と同じ問題意識から、コモンズの理論的研究と実証的研究における課題を整理したレビュー論文である。詳細な検討は林・金澤（2014）を参照されたい。
(2) 林野庁「木材需給表」による。
(3) Ostrom（1990）は正確には1986年の報告書に掲載されたMcKeanの論文を引用している。しかし、本稿では文献アクセスの容易さを考慮して、1986年の報告書論文とほぼ同じ内容であるMcKean（1992）を引用する。
(4) 集団サイズおよび構成員の異質性とコモンズ管理の成否との関係については議論の余地が残るとされている（Poteete et al. 2010）。

文献
Burt, Ronald S., 2001, "Structural Holes versus Network Closure as Social Capital", Nan Lin, Karen Cook, and Ronald S. Burt eds., *Social Capital: Theory and Research,* New Brunswick: Aldine, 31-56.
Gibson, Clark C., Margaret A. McKean, and Elinor Ostrom ed., 2000, *People and Forests: Communities, Institutions, and Governance,* Cambridge: The MIT Press.
Hardin, Garrett, 1968, "The Tragedy of the Commons", *Science* 162: 1243-48.
林雅秀・金澤悠介，2014,「コモンズ問題の現代的変容：社会的ジレンマ問題をこえて」『理論と方法』19(2): 241-259.
池谷和信，2003,『山菜採りの社会誌：資源利用とテリトリー』東北大学出版会.

近藤康男編，1959,『牧野の研究』東京大学出版会.
松浦俊也，2010,「奥会津森林生態系保護地域」『森林科学』60: 28-29.
McKean, Margaret A., 1992, "Management of Traditional Common Lands (Iriaichi) in Japan", Daniel W. Bromley ed. *Making the Commons Work: Theory, Practice, and Policy,* ICS Press: 63-98.
三井田圭右，1973,『山村振興と山菜：ゼンマイを中心として』山村振興調査会.
水本邦彦，2003,『草山の語る近世』(日本史リブレット52) 日本評論社.
National Research Council, 2003, *The Drama of the Commons,* Washington DC: National Academy Press.（＝2012, 茂木愛一郎・三俣学・泉留維監訳『コモンズのドラマ：持続可能な資源管理論の15年』知泉書館).
小椋純一，2012,『森と草原の歴史――日本の植生景観はどのように移り変わってきたのか』古今書院.
Olson, Muncur, 1961, *The Logic of Collective Action,* Cambridge: Harvard University Press.（＝1983, 依田博・森脇俊雅訳『集合行為論：公共財と集団理論』ミネルヴァ書房).
Ostrom, Elinor, 1990, *Governing the Commons: The Evolution of Institutions for Collective Action,* Cambridge University Press.
Poteete, Amy R., Marc A. Janssen and Elinor Ostrom, 2010, *Working Together: Collective Action, the Commons, and Multiple Methods in Practice,* Princeton University Press.
林業発達史調査会編，1960,『日本林業発達史 上巻――明治以降の展開過程』林野庁.
斎藤暖生，2006,「岩手県沢内村における山菜・キノコ資源充足度の変動：山菜・キノコ採りの生態的側面と社会的側面」『林業経済』59(3): 2-16.
酒井淳，2003,『会津の歴史と民俗 下：新しい地域史のために』酒井淳著作刊行会.
須賀丈・岡本透・丑丸敦史，2012,『草地と日本人――日本列島草原1万年の旅』築地書館.
只見町史編さん委員会編，1998,『只見町史 第2巻 通史編2：近代・現代』福島県只見町.
只見町史編さん委員会編，2001,『只見町史資料集第4集 会津只見の自然 植物編』福島県只見町.
只見町史編さん委員会編，2004,『只見町史 第1巻 通史編1：自然・原始・古代・中世・近世』福島県只見町.
髙橋正也・比屋根哲・林雅秀，2009,「社会ネットワーク分析による農山村集落の今後を担うリーダーの構造：岩手県西和賀町S集落の事例」『林業経済研究』55(2): 33-43.
所三男，1980,『近世林業史の研究』吉川弘文館.

謝辞

　只見町内各集落の関係者の方々には調査の過程で多大なご協力を賜りました．共同研究者である松浦俊也氏（森林総合研究所）からは調査の設計段階から数多くの助言と情報提供を賜りました．深く感謝いたします．

漁業者集団の共同性
―― アワビ漁を事例に ――

濱田武士

1. はじめに

　筆者は、「日本漁業の経済構造」の解明を目的とした漁業経済学の立場を取りながらも、漁村という空間の地域経済を分析し、漁村を支える経済とその制度の在り方を考察してきた。その方法論の出発点として、まず分析の対象としてあるのは、漁場利用の実態と制度である。

　漁場利用の制度は、海という自然と人間が共生し、漁村経済を創造するための制度資本である。漁村は、この制度資本を基盤にした地域社会であり、また漁業技術の発展や海洋環境の変化あるいは現代経済の影響を受けながら変化している。

　例えば、戦後から今日にかけて漁港など漁業インフラがかなり整備されてきた。かつて漁港が整備されていなかった時代は、少し大きめの漁船については浜辺への上架、浜辺からの下架を集落の漁民が総出で行っていた。厳しい自然環境のなかで集落が基幹産業である漁業を継続していくための支え合いの規律があった。いわゆる「結」である。今でも、漁村には祭事や神事など集落の住民総出で行う行事が多いものの、インフラや技術の発達によって漁民は集落の規律から解放され、「結」の場面を見ることができなくなっている。その意味で、共同体社会は溶解しつつある。

　しかしながら、漁場という公有水面では身勝手な行動は許されない。そこは、「浦」など漁村に暮らす漁民らが先祖代々守ってきた場であり、漁民はあくまで漁場を共同で管理し利用する入会集団の一員であるゆえに秩序に従っている。漁村における共同体社会の規律に溶解している部分はあるとはいえ、漁場利用の在り方が抜本的に変わっているわけでない。それゆえに漁村という地域社会からはそれ特有の共同性は消えていない。

　さて、本シンポジウムで与えられたテーマである「地域社会の共同性」の「共同性」というものを地域社会のどのような側面のものとするか議論を要するが、筆者に対しては地域資源へのアクセスについての報告が期待されたので、本論では、さし当たり、一定の規律をもって漁場を利用しているという漁業者集団の関係性を「共同性」として捉えることにする。もちろん、暮らしの面の共同性も漁場利用と関連してくる。ただし、暮らしの面まで含めた漁村社会にまで共同性の議論を敷衍するのではなく、漁村社会の共同性の源泉になっている漁場利用面について議論を絞っていきたい。

　事例として、三陸から常磐の沿岸部で行われているアワビ漁が行われている地域に着目す

る。アワビは磯場の高級資源として君臨し、成長が遅いだけに漁獲抑制を人為的にしなければ漁が続かない。また、密漁の対象にもなりやすいことから、アワビ漁が行われている地域では、古くから資源保護のための漁場利用体制、密漁監視体制が構築されてきた。集落でアワビをどう活用するかは、当該集落の漁場利用体制や地域社会の共同性を決める一つの軸となる。本論では、これらを事例に、漁場と入会集団の関係、そしてそこにある制度についてごく簡単に紹介すると共に漁村社会にある「共同性」の特性について論じたい。

さらに「再構築」という視点からは新規就業の可能性について検討することにした。漁村は農山村の集落と同じく、ほとんどの地域で少子高齢化が進んでおり、後継者対策、新規就業者対策が実施され、新たな時代が築かれようとしている。本事例において、「地域社会の共同性」がどのように再構築されるのか、漁業外からの新規就業の促進という観点から考察してみたい。

なお、シンポジウムではメインタイトルを「漁場、入会集団そして漁業制度の特性と共同性」としたが、本論ではタイトルを簡素化した。また、本論は、人間関係という社会にある生の実例を取り上げて地域社会の関係性を解き明かす、実証的な社会学的なアプローチを踏まえておらず、現場で運用されている制度に注目して論じている。地域社会学に馴染まない内容であることをご容赦頂きたい。

2. 地先水面の漁業制度について

海の利用は原則自由だが、自由を放置すれば、過剰利用により資源を枯渇させたり、資源の捕獲や優良漁場の利用をめぐる対立が発展して紛争が勃発したりする。海で安心して漁労活動を実行していくためには、漁場利用者の間で共有できるルールや秩序が必要になる。

漁村は漁場利用者が暮らす漁業集落であり、それは同時に漁場の共同管理者が暮らす漁業地区でもある[1]。日本では、少なくとも近世から漁村ごとに入会漁場（＝縄張り）が領主の下で設定されていた。漁村から領主へは貢租が納められていた。そのような支配・従属関係のなかで、漁村には漁場の占有利用権が与えられていたのである。

その当時から現代に至る長い歴史を経て漁村は、その地先の入会漁場と一体的関係を築き上げてきた空間である。地先の入会漁場は、その漁村の「縄張り」とも言える。それゆえ、暮らしの面でも、生業の面でも、「共同性」に覆われており、集落内のルールや秩序が地域社会に根付いている。

現行漁業法（昭和24年～現在）においても、旧慣的な秩序が漁業権（＝入会権）に引き継がれている。漁業権は「入会集団の総有漁場（皆の財産、財産としては分配できない）」に基づく制度であり、とりわけ、漁業権のなかでも、漁村の地先に限られた第一種共同漁業権においては、近世にあった一村専用漁場制度（江戸時代～明治33年）、ついで明治漁業法（明治34年～昭和23年）に定められた地先水面専用漁業権から引き継がれている[2]。

第一種共同漁業権における権利の主体は入会集団であり、一つの入会集団に一つの権利が与えられるというものである（法制度的には、入会集団のメンバー1人1人の権利は漁業行使規則に基づく漁業行使権である）。ただ、この入会集団は生業のコミュニティであり、法

的に権利を得ることができない。それゆえ、行政庁が入会集団に権利を付与できるように、入会集団は沿海地区漁業協同組合（以下、漁協）[3]を設立することになっている。

　漁協は、組合員の出資により設立され運営される「協同組合」という法人である。協同組合であるがゆえに本来は事業利用が出資の動機であるが、漁協の場合は共同漁業権の設定からはじまる。漁協の法定定員は20人以上なので、入会集団の人数がそれ以上であったら、一つの入会集団に対して一つの漁協ができる。だが、実態としては、地先水面に設定されている第一種共同漁業権の主体である入会集団が複数集まって組織しているアソシエーションとなっており、入会集団をコミュニティと捉えれば、アソシエーションのなかにコミュニティが複数存在しているという状況である。隣接する集落間では漁場の境界を巡って紛争を起こすこともあることから、漁協はある意味、入会集団間の調整団体でもある。

　一方、共同漁業権のなかのルールは、まずは、漁業権行使規則として定められているものがある。これは、漁業法で定めなければならないことになっている。漁業権行使規則以外にも、細かな漁業者間のルールがある。漁業権行使規則も、それらのルールも、集団内の合議制により決められている。

　たとえば、地域によって大きく違うが、アワビ、サザエ、ウニ、ナマコ、海藻（ワカメ、コンブ、フノリなど）など、それぞれを誰がどのように獲るのか、権利者を規定したり、漁法の制限や禁漁期を規定したりしている。権利者の決め方はさまざまであり、皆平等に権利が与えられるようなケースもあれば、古くから入会集団のなかの特定の集団に与えられてきたケースもあれば、権利者の枠をかなり限定して、その枠を入札にかけて落札した入会集団の一員に与える場合もある。

　これらのルールは、近世からの慣習をほぼ踏襲しているものもあれば、時間をかけてつくられてきたものもある。

　したがって、沿岸漁業の共同性というのは、あくまで地先水面という自然と地域社会との関係をつくる「入会集団の制度」であり、それが集団のなかで共有されているというものと理解される。

　そこで次に、アワビ漁の概要について触れる。

3. アワビなど魚介藻類の資源特性と漁法

　アワビは、高級食材、集落にとって極めて重要な資源である。アワビは国内にいくつかの種があるが、東北太平洋側に生息しているのは、エゾアワビ (*Haliotis (Nordotis) discus hannai Ino*, 1952) であり、茨城県まで生息している。茨城県から以南はクロアワビ（*Haliotis (Nordotis) discus discus Reeve*, 1846）となる。いずれも磯場に棲息する資源であり、海藻類を捕食している。成長は遅い。

　高級かつ繁殖・成長が遅いことから、どの地域もアワビ漁をめぐっては厳しい制度が設けられてきた。例えば、資源保全のために操業制限、漁獲サイズ制限、漁獲量制限が設けられている。

　しかし、漁村外部からの密漁行為が絶えず、さらに海洋環境の変化もあってか、アワビ資

源は減少傾向にある。それゆえに、アワビの資源保全対策や密漁監視についてはかつてから重要視されてきた。

　他方、従来から人工的に生産した種苗を放流することによって資源の培養に努めている地域が多い。その種苗は、各漁協で独自で種苗の中間育成施設を構えて生産されているか、各県または第三セクター形式によって運営されている栽培センターから供給されている。その場合はもちろん有料である。

　漁獲方法は、地域によって異なるが、伝統的漁法としては見突き漁、あるいは潜水漁がある。

　アワビの見突き漁は、5m以上の竿の先に鉤（フック）が突いている漁具を使ってサッパ船という小舟から箱眼鏡と呼ばれる道具を使って海底を覗き込んで、アワビを引っかけて獲る方法である。水深5mぐらいの漁場で行われる。それより深い漁場だと、潜水漁が中心となる。

　潜水漁は浅い漁場では素潜りである。三重県の伊勢志摩、石川県の舳倉島、岩手県の小袖地区においては「海女漁」が有名である。深い漁場では潜水器が利用されている。潜水漁は、ウエットスーツを装着してボンベを背負って潜るダイビングタイプと、ドライスーツ（スーツの中に水が入らない）を装着して船上から空気を送り込んで漁を行う方式がある。後者はヘルメットを被るため「宇宙服」とも呼ばれている。

　見突き漁、素潜り漁は非能率漁法（個人差有り）、潜水器漁は能率漁法であることからダイバーは「潜水師」という国家資格、経営者には都道府県知事の許可[4]が制度上必要となっている。

　一般にアワビ漁は時期も時間も限定されているため、漁家としては他の漁業や養殖業の兼業種としている。しかし、伝的漁法であるがゆえに投資は少なく価格が安定的に高いために利益が大きい。アワビ漁の収益は漁家にとってボーナスのような状況（100～300万円）になっている。ただし、高齢漁業者は、他の漁業を引退しても、アワビ漁のみを続けるという傾向が強い。身体が動くまで止めない。年金者の漁業という側面もある。

4. 入会集団の漁業制度の事例

　アワビ漁をめぐる漁業制度はさまざまである。ここでは東日本大震災の被災地でもある地域にある3つのアワビ漁の方式を見ることにする。

4.1 全組合員による一斉操業と開口方式

　岩手県沿岸部全域、宮城県沿岸部北部・中部においては、見突き漁が行われている（水深5m程度の磯場）。全組合員がアワビを含む第一種共同漁業権の対象種を漁獲する権利を持っている[5]。ただし、漁は資源保全の観点から操業は開口日に一斉に行い、一斉に終了する。それゆえに、開口日以外は禁漁となる。この方式を「一斉・開口方式」と呼ぶことにする。

　開口日を決定するのは、「日和見人」が決める。天候などを考慮して開口日が決定されるのだが、日和見人の判断次第である。その日和見人は、漁協の理事または組合員の中から選

任される。開口日が決定すると、全組合員に前日までに周知させなければならないことになっている。

　解禁時期は11月～翌年2月だが、見突き漁の場合、この期間内の開口日数は年間7日～10数日程度。震災後、資源が減少していることもあり、数日で終了した年もある。それほど、開口日は限定されている。資源に対する漁獲圧力が過剰にならないように配慮しているのである。

　アワビは昼間磯場の陰に隠れているが、夜は陰から出てくる。そのことから、開口日においては夜明けと共に一斉に操業がスタートする。漁獲できる時間には制限があり、漁獲物のサイズも規制されている（殻長9cm以上）。規制サイズ以下のアワビを捕った場合は、放流して海に戻すことになっている。サイズ規制だけであく、操業時間にも制限があるため、漁獲量も自ずと制限される。開始時や終了時は、サイレンがならされるなどの合図がある。

　サイレンが鳴る前には、組合員は漁場に出ており、サイレンが鳴ると同時に操業をスタートする。漁法に不正はないかどうか、開始前、終了後に漁を行っているかどうか、を監視するのは漁協職員である。

　水揚げする場所は指定されている。その場所に時間内に漁獲物を運んでこなくてはならない。その場では、漁協職員が水揚げされてきたアワビのサイズが規制サイズ以上かどうかを確認しながらサイズ選別し、計量し、そのまま出荷物を預かり、共同販売所に運ばれていく。なお、アワビのサイズ規制は、岩手県あるいは宮城県の漁業調整規則で定められており、違反すると摘発されることになる。厳しい規制である。それだけに、出荷前に漁協の職員が水揚げされたアワビのサイズを改めて確認する。

　開口日以外に許可無くアワビ漁を行うと密漁行為になる。たとえば、釜石東部漁業協同組合の漁業権行使規則（具体的には、一共204号第一種共同漁業権行使規程）を見ると、操業規制に反した不正を犯した組合員に対しては、50日以上のアワビ漁禁止あるいは過怠金10万円などの制裁処分がかけられることになっている。

　岩手県内の一斉・開口方式を採用している漁協では、組合員である限り、漁業権行使者となれる。また組合員の漁家世帯ならばその組合員の船に乗って一緒にアワビ漁を行えるケースも多い。息子、孫まで乗船することもある。つまり、各集落に暮らす組合員やそこで暮らす漁民すべてが地先にある第一種共同漁業権漁場の入会集団の一員ということである。

　組合員であれば機会は平等ということになるが、結果はあくまで実力主義である。アワビを獲る腕の差はかなりあり、水揚は最大10倍ぐらいの差が生じる。夏場は、同じような一斉・開口方式で、ウニ漁が行われる。

　短期間で一定の稼ぎがあることから、アワビ漁が集落で暮らしていく刺激になっている。つまり、アワビ漁の力量をつけておけば、兼業する他の漁業の調子が悪くても漁家所得の支えとなる。また投資額がほとんど無いことから老齢になっても身体さえ不自由なければ漁が続けられ、年金にボーナスを加えたような暮らしができる。人口減少が進んでも、アワビ資源がある限り、漁業者は残り続け、集落は消滅しない。

　しかし、厳しい漁獲抑制をしてきた一方で、資源量が減っていると危ぶまれている。その原因は、海水温の上昇や海の砂漠化と呼ばれる「磯焼け」現象など海洋環境の変化なども挙

げられているが、密漁行為が絶えないこともある。

密漁防止策は漁を続けていくための大事な対策として位置づけられている。例えば、岩手県では漁業権行使規則のなかで監視員の規定を設けている地区が多い。漁協は監視員となる組合員に対しては身分証明書と腕章を交付している。監視は有償の仕事である。そのため、アワビの水揚金からは、種苗放流費以外に監視コストにかかる協力金を組合員から徴収している。

しかしながら、漁業者ではない密漁集団による密漁行為が横行している。その手口は、巧妙で、夜中に沖合に船を停泊させて、そこからアクアラングを装着した密漁者が海中にエントリーしてアワビを捕獲している。海上保安庁に通報して摘発されることもあるが、逃げ足が速く、現行犯で捕まえることが難しい。摘発できたとしても罰金が安いせいか、刑務所から出てから密漁を繰り返す者が後を絶たない。東日本大震災後は、集落が津波で破壊され、高台などに集落移転しているため、海辺近くに暮らす漁民が減り、監視力が弱まっているだけに監視活動が重要視されている。

組合員は、開口日以外は、それぞれワカメ、ホタテガイ、カキなどの養殖を行ったり、定置網漁の仕事に出かけたり、沖合に出漁したりしているが、全組合員がアワビ漁を行い、アワビ漁による恩恵を受けている。漁場は、単一の集落あるいは複数の集落で共有されており、アワビ漁など第一種共同漁業権に定められている漁業行使規則など地元の取り決めが明文化されている。なかには明文化されていない慣習もあるが、それらは集落の中でしっかりと共有されている。そうしたルールの共有が自然と地域社会の関係を如実に表していると言えよう。

なお、岩手県洋野町種市地区内の5漁協と久慈市漁協において素潜り漁が行われている。「個人である組合員で理事（会）の承認を受けた者」が漁業行使権を得られることになっているが、組合員であるのならば希望者は全て漁を行え、違反者はその権利を剥奪されるという[6]。つまり、素潜り漁が、一斉・開口方式で行われているということになる。

4.2 潜水器漁による共同採捕方式

共同採捕方式は、岩手県沿岸域北部、宮城県内網地島地区、金華山地区、雄勝東部地区などで見られる[7]。漁法は潜水器漁であり、第一種共同漁業権の漁場の資源を組合員皆のものとして、潜水器漁を実施する作業従事者に捕獲を託すという方式である。作業従事者は漁協の組合員の場合もあれば、非組合員（プロダイバー）の場合もある。作業従事者には作業の対価が支払われて、売上金から差し引いた利益は組合員皆の財産とすることになっている。その財産は組合員に分配されるか、漁協または漁協支所に内部留保されたり、地域の行事や運営費に利用されたりする、というのが共同採捕方式の基本的システムである。組合員各々の才覚によって手取りが異なってくる一斉・開口方式は全く異なる考え方である。一斉・開口方式は漁場が浅いから可能であって、潜水器漁を行っている地区は漁場が深いという自然環境の違いがこの背景にある。深い漁場は30m以上にもなるという。

潜水器漁は、漁業法において禁止漁法という位置づけになっており、それを行う場合は都道府県知事に許可を得なければないことになっている。通常、知事許可漁業というのは各県

で漁法を定めるが、潜水器漁においては漁業法で定められた数少ない法定知事許可漁業の一つになっている。そのため、許可を得るためには厳格な手続きを経なければならない。潜水漁を行う潜水士の資格を持たねばならないし、特殊な技能を要するからである。つまり、アワビなどを捕獲する潜水器漁は第一種共同漁業権の漁業であるが、法定知事許可の漁業でもあり、権利だけでなく、作業従事者には許可が必要だということになる。

県庁への許可申請においては、適格性審査が行われ、作業従事者が潜水士であるかどうか、警察庁に照会を求めて犯罪歴や反社会的勢力に属していないかまで調べることになっている。密漁組織の一員や密漁を過去に行っている者に対しては許可できないということである。

宮城県では、県下の漁協の多くが「JFみやぎ」となり広域合併している。ただし、第一種共同漁業権は、入会集団が属する漁協支所(旧漁協)に付与されている。知事許可も潜水器漁を行う漁協支所単位で免許申請する必要があり、その際に作業従事者名簿を提出しなければならいことになっている。

漁獲対象種は、アワビに限らない。アワビの他、ウニ、ナマコ、ホヤも対象となっている。アワビにおいては11月〜2月、ウニは2月〜9月、ナマコは11月〜3月が解禁日である。

共同採捕方式の経営主体は、地先漁場(第一種共同漁業権水域)に対応した入会集団である。入会集団は組合員全員であるから、組合員全員の共同経営となる。共同経営をするに当たって潜水の仕事においては県に届けた作業従事者に委託することになる。

一斉・開口方式と同じように、入会集団内のすべての組合員が漁業行使権を持つ。しかし、組合員全員の共同経営としてダイバーに漁獲作業を委託しているため、漁獲競争が発生せず、獲りすぎを防止できる。実際に、資源保全のために、漁獲サイズや総漁獲量の上限も地区ごとに決めている。

経営の実務面は、漁協支所が経営主体である入会集団から委託される形になっている。つまり、漁協職員が作業従事者に対して作業委託費を払い、捕獲したアワビなどの売上金から漁協支所への業務委託費や様々な諸経費を回収し、利益の処理(組合員への分配など)を行っている。

漁協支所、組合員、作業従事者との関係はいくつかの例がある。たとえば、①作業従事者として組合員を採用する、②漁協支所が潜水関連会社もしくは個人のダイバーに業務委託する、③漁協支所が水産加工会社に業務委託する、などである。

①においては、組合員に作業委託するものの、作業従事者となった組合員は作業委託費をだけでなく分配分の利益も受け取ることになる。②においては、当該漁協支所に組合員に潜水士がいない場合である。③においては、県庁への作業従事者の登録などは漁協支所が行うものの、水揚物の出荷先の水産加工会社に対して潜水作業から加工までの一連の作業を業務委託するものである。作業従事者に対する作業委託費は水産加工会社が支払う。漁協支所は売上げから諸経費を差し引いた利益のうち一定の取り分を受け取り、組合員に分配する方式である。入会集団から漁協支所に実務を委託し、そしてさらに実務の多くを水産加工会社に委託するという方式である。漁協支所を介して入会集団と水産加工会社が共同経営しているという形式になる。

このように共同採捕方式は、競争排除、結果平等主義になっており、地域社会の共同の経済行為になっている。入会集団のメンバーたる組合員の仕事は、潜水漁の管理作業であったり、密漁監視であったりする。ただし、これらの仕事も含めて、すべてを業務委託するということであれば不労所得を得ているように見える。

　東日本大震災後も、この方式がとられているが、被災者の他地区移転や集落自体の移転によって密漁監視が徹底できないでいる。漁協支所に属する集落が地理的に形成されてきたことで成り立ってきた、この方式において、集落住民の分散はたとえ制度が継続しても「共同性」の危機を招くものと考えられる。

　なお、宮城県内には集落内に近世から続く「契約会」という「結」的な自治組織がある。三陸町（旧歌津町）内の契約会では、独自の漁場を有し、特別採捕許可という特殊な許認可の下、共同採捕方式でアワビを獲り、財産を形成している。たとえば、町内泊浜地区では、その財産を冠婚葬祭などの費用に当てるだけでなく、集会所など地元の社会資本の建設費にも当てている[8]。

4.3「採鮑組合」管理方式

　福島県および茨城県沿岸地方は常磐と呼ばれている。この地方では、アワビを獲る漁業者集団のことを「採鮑組合」と呼んでいる。

　アワビ漁は、どこの地方でも第一種共同漁業権漁業の内の一つの漁業種に過ぎない。この地方でも、第一種共同漁業権にはウニなどアワビ以外の漁獲対象物が存在し、他の漁業も含まれているが、三陸のように全ての組合員に地先水面の底生性資源の利用権が与えられているわけではない。共同漁業権の法的な解釈としては、漁村に暮らす漁民は一つの入会集団として捉えられているが、その入会集団の中にさらに小集団が形成されており、そのうちの一つとしてアワビ漁の漁業行使権者の集団が存在する。この小集団は「採鮑組合」と呼ばれている。つまり、漁協の組合員であっても、アワビ漁を行えるのは「採鮑組合」のメンバーに限られており、特別な存在になっている。

　「採鮑組合」の歴史は古い。多くが近世から存続している。つまり、明治漁業法の下で法人組織としてあった漁業組合が始まる前から存在している。今では組合員は限られているが、漁村ごとに存在している。

　漁法はほとんどが素潜漁である（一部で、潜水器漁もある）。漁期は春から夏にかけて行われ、出漁日は限られている。操業は皆で漁船に乗り、沖に漁船を停泊させ漁をする。皆が潜るわけではなく、操船するだけのメンバーもいる。朝から操業が行われるが、昼には浜辺に戻り皆で昼食をとって薪で火を焚き、暖を取ったりもする。

　漁は一斉・開口方式と同じく、開口日に時間制限内で行われてきた。県の漁業調整規則で漁獲物のサイズ規制があるゆえに沖では規制より小さなアワビは再放流される。

　高度経済成長期までは漁は競争原理に基づく「個人潜り」が主流であった。他者より沢山漁獲しようとして何度も潜り、身体を壊す者が多く、徐々に資源量が減るという状況を招いていたという。時折、売り上げをプールする「共同潜り」がイベント的に行われてきたが、今日ではそれが主流となっている。「共同潜り」は、獲る能力の個人差に関係なく利益が分

配されるため、能力のある潜り手のモチベーションを失わせてしまうというデメリットがあるが、信用関係やコミュニティとしての紐帯が強ければ、機動的な統制が可能となり、目標に合わせた操業が行えうるし、また獲りすぎを防止できる。こうしたメリットを皆が共有することで、メンバーシップの共同性が強まる。

採鮑組合のメンバーは、素潜漁の技能をもっている漁業者に限られており、組合長、役員、世話人などの役職も定められる。組合員は、漁のしきたりに従わなければならないだけでなく、アワビの繁殖保護などの規約を守らなければならないことになっている。

組合の定員は限定されており、運営費の徴収も行われている。たとえば、茨城県の日立市水産振興会（1986）の資料によると、同市川尻地区では定員は20名であり、加入時に10万円を積み立てる他、個人潜りを行った場合は総水揚金額の1分を、共同潜りについては総水揚げの1割を組合に維持費として積み立てることになっている。こうしたことから1/3出漁しなかったらメンバーから外される。ただその一方で、現役を引退するメンバーには退職慰労金、功労者には特別功労金などの支給がある。もちろん、死亡した場合には弔慰金、病気などの場合に見舞金などを支給する。

そして、組合への加入もかなり制限されてきた。加入できるのは、親がメンバーであることが条件であった。世襲制である。しかも、単に世襲というだけでなく、長男のみ、というルールを続けている地区もある。

そのような制限があるために、漁協の内規で、採鮑組合のメンバーは他の稼ぎの良い漁業を行うことができないなどのローカルルールもある。つまり、アワビ漁の権益をもつ漁家は、他の稼ぎのある漁を遠慮しなければならないということである。

このような、漁村のなかで稼ぎの良い業種が一部の人に集中したり、所得格差が広がらないように配慮するローカルルールは各地で見られる。

しかしながら、定員を設けていても、継承者がおらず、メンバーの数が定員を大きく下回っている。たとえば、川尻地区では、60年代は15名、80年代は7名、1996年には3名になっていた[9]。メンバーが少なくなると意見がまとまりやすくなり、共同性にある紐帯がより強まり、より保守的になったかもしれない。3名になっても世襲制というメンバーの参入制限を緩めなかった。しかし、メンバーが減ることで、漁獲量も大きく落ち込んだゆえに、漁場・資源に余裕が生じ、漁場をもてあまし、かつ密漁監視力が弱まるという状況にもなっていった。その意味で、アワビ漁に対する権利関係について漁村のなかで改めて考え直す機会が強まっていった。

川尻地区に限らず、他の地区の採鮑組合でも、同じような状況に陥っており、加入制限が再考される状況になっている。

4.4 漁場利用の共同性に関する小括

高級食材となるアワビ資源をどう保護して、どう利用するかはどの漁村でも重要な課題である。そのために、地域によって方式は異なるが、どれをとっても厳しいルールが設けられている。そのルールは上から押しつけられるものではなく、集落や漁協内部の合意形成でまとめられてきたものである。もちろん、ルールづくりと合意形成のプロセスはアワビ漁だけ

に限ったことではない。他の漁業種や養殖業種もすべて漁場利用面においては地元漁民の合意形成を基本としている。だが、アワビ漁は資源が高級なだけに利害対立が発生しやすいものとなっており、利用方式が他の漁業種以上に厳しくなる。それだけに一度決められたルールは簡単には変更されないし、相互監視の下、ルールが厳守される。

　資源を介した規律は、人間と自然との関係を示すものであり、同時にそれは地域社会の共同性を表すものである。また、地域によって規律が異なるのだから、それは人間と自然の営みが地域によって異なるということである。

　しかし、地域社会の共同性の在り方は恒久的ではない。社会経済的環境や自然環境に応じて修正・変更が生じてきた。担い手不足に直面する漁村においてはその局面に入っている。相対的過剰人口を抱えていた時代とは大きく異なる。現在では後継者や漁業外部からの新規就業を受け入れなければ地域が持たないという漁村が増えている。共同性の再構築が求められているということである。

5. 新規就業者の受け入れをめぐる共同性の問題と再構築

　漁業は自然依存度が農業以上に高い。水産資源は天然の生き物であり、漁場環境次第で水産資源の現存量は大きく変化するからである。そのため、ある資源を捕獲する権利を持つ漁業者数が減っても、その資源の現存量が少なければ、漁業者を増やすわけにはいかない。つまり、漁村という地域社会は漁場という自然環境と密接な関係をもつ。

　農業では、こうした天然資源と地域社会との関係はない。それゆえ、担い手の再生産をとってみても、農村と状況は異なる。

　昨今、漁村の人口は急激に減り、従事者は不足していることから、漁船の乗組員になることは体力的な問題さえクリアすれば困難ではない。ただし、雇用としても漁業就業者の定着率は、農業や林業と比較してかなり低い。

　他方、担い手の後継者においては世襲ならば円滑にことが進む。しかし、地縁血縁のない外部の新規就業者が、漁業者として自立した経営者になり、漁協の組合員になるまでの道のりはかなり厳しく、そのような就業希望者の受け入れに関しては、行政の支援窓口や支援事業があっても希望通りにはいかないことが多い。それは、受け入れ地区との相性の問題もあるが、そもそも漁業労働に耐えられない、技能を身につけられない、漁村の人間関係に絶えられない、など色々な事情がある。それに加えて、受け入れる側に受け入れる動機が働きにくいということもある。

　そこで最後にアワビ漁をめぐる漁業制度と新規就業について考えてみたい。

　地先資源であるアワビは高級資源だけに、入会集団の一員となり、アワビ漁の漁業行使権を得るというのは漁村に暮らすものにとって大きな財産である。それゆえ、アワビ漁の権利を誰にどう配分するかは、漁村のなかで大事な事柄である。

　本論で見てきたようにアワビ漁の権利配分をめぐっては入会集団の制度によって大きく異なっていた。まずは、入会集団全員に配分するという方式があった。一斉・開口方式や共同採捕方式である。ただし、前者は、制限付き機会平等・実力主義であり、後者は競争排除・

資源分配平等主義であるという大きな違いがあった。また、採鮑組合のように権利者を限定し、漁業者集団を形成するという方式もあった。

一斉・開口方式及び共同採捕制度方式自体には、新たなメンバーを加える制度的阻害要因はない。しかし、それ以前に、漁村の定住者となり、漁業者になること自体に大きな壁がある。つまり、地縁血縁のない新規就業者は入会集団の一員として認められ、漁協の組合員にならねばならず、そのためには、漁場利用の慣習を身につけ、かつ、漁船、漁具、住まいを準備して、かつ、経営者として、漁師として、営漁できるかどうかが問われることになる。これをクリアするには、時間も要するし、誰が新規就業者の面倒を見るのかという問題がすぐに出てくる。

採鮑組合方式は定員制なので制度的阻害要因はあるが、多くの場合、定員が埋まっていない。にもかかわらず、新規就業者の受け入れどころか、同じ漁協内の組合員であっても加入が認められないということが多々ある。なぜなら、先述したが、メンバーの入れ替えは世襲しか許されていないことがあるからである。しかし、メンバーが高齢化し、数人レベルまで落ち込んだことで、地域内で他の漁業を営む漁協内の組合員を新たにメンバーに向かい入れているケースが見受けられるようになった。

再び、茨城県日立市川尻地区の事例を見よう。この地区では採鮑組合のメンバーが90年代に3人のみとなった一方で、若手の漁業者が多い、シラスなどを漁獲する船曳網漁が厳しい状況になっていた。そこで、その窮状への対応として若手漁業者が採鮑組合のメンバーとなり、船曳網漁の休漁期（夏場）にアワビ漁をするという再編が進んだ。

ただ当初は旧メンバーから拒まれ、ことが円滑に進まなかったという。水揚げをプールする「共同潜り」にあっては素潜りの未経験者を入れると技能レベルが不釣り合いになり、不公平が生じるからだろう。それでも、受け入れが進んだのは、船曳網漁の若手漁業者が率先して潜水器を使ってアワビ漁場の沖合に資源培養のためのアワビファームを造成するという取り組みを行った、ということがある[10]。メンバーを加えることで、アワビ資源が培養される。旧メンバーにとってもメリットがあるということである。

ちなみに漁業者が減ることは、漁村経済を支える力が弱まることに他ならないが、残った漁業者にとっては1人あたりの資源配分が多くなるがゆえに、世襲以外の新規就業者を積極的に受け入れるという個人的な動機には繋がらない。それゆえ、既存のメンバーの、新規就業者を受け入れるメリットが何であるのかが重要である。

翻ると、新規就業者を受け入れるということは、現有漁業者の資源配分が減ることと、誰が面倒見るのかということと、新たに仕事・暮らしの相互扶助の関係づくりをしなければならないということを意味している。地元の漁業者からすれば、メリットよりも、デメリットが頭に浮かんでくる。それゆえ、受け入れる側の体制づくりは簡単ではないし、そもそも、昨今、アワビにおいては資源量も減ってきていることから、なおさら、である。

漁村の衰退は共同性を重視した入会集団の制度問題にされがちである。たしかに、新規就業希望者がいても、入会集団のメンバーや漁協の組合員になるための乗り越えなければならない壁は厚く、定着率は低い。

だが、それを解体し、参入障壁を壊すとすると、その後に、それに代わる資源と地域社会

の関係をつくる制度が用意できるのか、というさらに大きな壁にぶつかることになる。

　漁場、入会集団をめぐる漁業制度は、自然と地域社会が共生するための制度であり、それが入会集団のなかで共有されているからこそ共同性が維持される。その制度に馴染んでいない新規就業者を受け入れるのは簡単ではない。それゆえ、積極的に新規就業者を受け入れるような体制をつくるには、まずは入会集団のなかで新規就業者を受け入れるメリットをどう創出して、どう共有するのかが問われ、新規就業者を受け入れたうえでの共同性をどう再構築するのか、という課題が見えてくる。それは、漁場利用の在り方をめぐり「話し合い」により築いてきた「生業」の共同性を活性化させながら、過去の制度を修正し、体制をつくっていくということに他ならない。漁場利用制度は漁業者集団の共同性の顕れだからである。

注
(1) 漁場に設定された共同漁業権との関係に対応している漁業集落は漁業地区と呼ばれている。本論では、この集落のことを漁村という用語で統一する。
(2) 漁業権の形成に関してはさまざまな図書で紹介されているが、法的な枠組みを含めて入会権との関連で詳しく論じているものとしては田平紀男（2014）がある。
(3) 漁業協同組合は、水産業協同組合法を根拠法として、地区別漁業協同組合と業種別漁業協同組合に分類される。前者は当該地域内に暮らす漁民によって設立される組織で、後者は同漁業種の漁業経営者によって設立される組織である。地区別漁業協同組合は、沿海地区と内水面地区に分類される。沿海地区漁業協同組合は第一種共同漁業権の入会集団により設立され、内水面地区漁業協同組合は対象魚種を増養殖しなければならないという第五種共同漁業権の入会集団により設立される。
(4) 許可が必要な漁法は、基本的には禁止漁法に指定されており、許可は禁止を解除して適法化するという手続きである。
(5) 平沢豊（1986）に岩手県内の漁場利用の実態が記されている。30年以上前の内容であるが、大きな差異はない。
(6) 岩手県庁からの聞き取りによる。
(7) この方式が行われている地域については、岩手県については聞き取りによりおおよその把握しかできていないが、宮城県については宮城県「平成26年度潜水器漁業許可一覧」を参考にしている。
(8) 泊浜の内容については、濱田武士・大浦佳代（2013）に記しているが、「契約会」という「集団の共同性」については岩佐礼子（2015）に詳しい。
(9) 日立市水産振興協会(1986)と坂本亮一（2009）を参考。
(10) 若手の漁業者グループは「川尻磯もの部隊」という研究会を立ち上げて、活動を行った。この内容については、坂本亮一（2009）あるいは取材行った筆者の拙著『漁業と震災』PP.261-263にも記している。

参考文献
漁業法研究会, 2005,『逐条解説「漁業法」』水産社.
田平紀男, 2014,『日本の漁業権制度――共同漁業権の入会権的性質――』法律文化社.
浜本幸生, 1989,『早わかりシリーズ［漁業法］1　漁業権ってなんだろう？』水産社.
平沢豊, 1986,「アワビ、コダマ貝等の漁場利用と漁場管理」『資源管理型漁業への移行』北斗書房, pp.148-178.

福田洋介，2016，「潜水器漁業の運営体制に関する研究　～宮城県石巻地区を例に～」（2015年度東京海洋大学海洋科学部海洋政策文化学科卒業論文）

日立市水産振興協会，1986，「現在の日立地方の採鮑」『日立の水産』pp.91-108.

坂本亮一，2009，「「あわび」漁業の再生とさらなる展開を目指して──磯根資源を活用した漁家経営の安定──」第15回全国青年・女性漁業者交流大会資料．

濱田武士・大浦佳代，2013，「漁村共同体の震災対応──宮城県南三陸町（旧歌津町）泊浜地区の契約会を事例に──」『漁業・水産業における東日本大震災被害と復興に関する調査研究──平成25年度事業報告──』一般社団法人東京水産振興会，pp.97-106.

濱田武士，2013，『漁業と震災』みすず書房．

岩佐礼子，2015，「危機が顕在化させた現場の力──宮城県南三陸町歌津伊里前──」『地域力の再発見　内発的発展論からの教育再考』藤原書店，pp.95-133.

◆論文

産業遺産保全における「場 (milieu)」の象徴性としての「生活」
―― 兵庫県生野鉱山跡の保全の実践を事例に ――

平井 健文

1. 問題の所在

　2000年代以降の日本では、産業遺産は地域活性化のための資源として、特に産業構造の転換に苦しむ地方において注目されつつある。1996年に開始された登録有形文化財制度や、2007年から翌年にかけて経済産業省が認定した「近代化産業遺産群33・続33」、さらに2015年に開始された日本遺産制度なども、こうした傾向の中に位置づけられる。

　このような社会的な状況に対して、いかなる学問的要請が生まれているのか。産業遺産を対象とした社会学や隣接分野の研究が主要な論点としてきたのは、産業遺産の「政治性」であった。これらの研究は「集団のアイデンティティに関わる過去・歴史の構築に、文化遺産がどのような政治的役割を果たしてきたか」（田中 2017: 200) という観点から、産業遺産の価値の表象や集合的記憶の想起のあり方に焦点を当て、それらをめぐる政治的な力学を考察するものである（ジュディ 2002; Soyez 2009; 山本 2013; 木村 2014など）。特に、グローバル、ナショナル、ローカルという3層構造の中で、産業遺産の文化的価値からローカルなレベルの言説が排除される、あるいはその保全自体からローカルな主体が排除されるといった、上位2者がローカルなレベルに及ぼす権力性がその主たる問題意識であった。それは翻って、ローカルな主体が産業遺産保全を通していかにして自律性を担保するのか、あるいは共同性を構築するのかという問題意識を生み出すことにもなった。

　しかし、以前に比して産業遺産の保全に対する社会的な合意が形成されつつある中、それに関与する主体は多様化し、既往研究の前提が揺らぎつつある（平井 2017a）。すなわち、その論点が保存か否か、あるいはどの価値が優先されるべきかではなく、保存を前提とした上で「どのように保全[(1)]すべきか」という点に移行し、既往研究が論題としてきた政治性と排除の問題は以前より不可視化されている。一方で重要なのは、これまで「ローカル」と括られてきた地域社会の内部においても、産業遺産の保全をめぐる交渉や排除が存在することである。また、既往研究で指摘されてきた政治性は、主体の選択に左右される文化遺産に普遍的な性質であり、それが不可視化されつつあることは消失したことと同義ではない。

　こうした点について松浦雄介は、当時世界遺産登録運動が進んでいた三池炭鉱跡を事例に、炭鉱稼働当時の労働組合を準拠枠としながら、「負の出来事の記憶を含まない文化遺産化への静かな異議申し立て」（松浦 2013: 48）が進んでいる様を明らかにしている。しかし松浦自身が課題として述べているように、いかにして地域社会内部の多様な主体の言説を包摂した形で産業遺産の価値構築を図るのかという論点はいまだ検証されていない（松浦 2013）。

◆論　文

　以上の点を踏まえた上で、本稿では地域社会内部の複数性に着目する。本稿の第1の目的は、産業遺産保全に関わる地域社会の主体間の差異を明らかにする点である。この前提に立ち、既往研究が主題化してきた産業遺産の文化的価値の構築をめぐる排除と包摂の問題を取り上げる。すなわち、地域社会の複数の主体が連携して、公的な価値づけから排除された産業遺産を地域社会の側に包摂する可能性について検討することを第2の目的とする。次章では、集合的記憶論を手掛かりとして、本稿の理論的視座を定め検討課題を明確化する。

2. 理論的視座

　ある対象に文化遺産としての価値の構築を試みる際、その目的の根底には何らかの「過去」の保存がある。しかし、それは現在の視点から選択、再構成された「過去」である（Poria and Ashworth 2009）。文化遺産についての諸研究は、特に「正史」としての歴史が構築される過程の政治性への批判を内包しつつ、「より人間的かつ繊細に過去を理解する方法」としての集合的記憶に着目してきた（Benton and Cecil 2010: 19）。

　現代における社会学的記憶論は、M. Halbwachsが提起した現在主義と共同想起に基づく記憶論に多くを拠っている（松浦 2005; 木村 2014）。ここでの現在主義とは、集合的記憶は過去そのものではなく、現在において過去が想起される中で不断に再構成されるとする立場である。この現在主義および記憶と歴史の二分法の立場を徹底させたのがP. Noraであり、国家的な歴史の表象としての「記憶の場」において、記憶としての出来事が歴史的表象へと転位する様を膨大な事例研究から編み上げた（Nora 1984=2002）。しかしながら、記憶と歴史を峻別し、前者を「真の、社会的な、ありのままの記憶」（Nora 1984=2002: 30）と規定するその態度は、「記憶についての過度に素朴な見方」（竹沢 2015: 27）との批判を受けることが多い。また、現在の支配的な社会集団が記憶を再構成するという現在主義への疑問も呈されるようになった。たとえば金瑛は、現在主義について、過去がどのように書き換えられたかは分析できるが、過去の出来事が歴史的事実ではなく「記憶」として認識されるのはなぜなのか、つまり現在において過去を想起するさまざまな主体の関心の強弱を説明できないと論じる（金 2012）。むしろ、B. Misztalが"The dynamics of memory approach"と呼ぶところの、集合的記憶をめぐる社会集団間の交渉の力学や、そもそもの集団の実体性を批判的に検討する議論も盛んになっている（Schudson 1995; Misztal 2003）。

　集合的記憶をめぐる社会集団の力学は、産業遺産保全の場では価値の語りや保全の実践をめぐる排除の問題に直結する。一方で、「集団」「集合」が実体的なものではないため、その設定によっては産業遺産保全を通して集合的記憶が社会的に開かれたものにもなりうる。この可能性を検討するために、本稿ではHalbwachsの集合的記憶論、特に歴史と区分される集合的記憶を成立させる「枠組み」の議論に着目する。

　Halbwachsは、集合的記憶の枠組みとして、言語活動、時間、空間の3つを挙げている。ここでの空間とは、物質的空間であると同時に、「集団によって提供された精神的空間」（Connerton 1989=2011: 65）でもあり、両者の相互参照の中で空間は集合的記憶の枠組みとなるというのがHalbwachsの所論である。そして、その中心的な概念が「場（milieu）」[2]で

ある。

> われわれを取り囲む物質的な場（milieu）によって過去が実際に保持されていなかったならば、われわれが過去を取り戻せるということは納得されないだろう。われわれが注意を向けなければならないのは、空間、われわれの空間なのである。この空間は、われわれが占有し、頻繁に立ち寄り、いつも近づいているものである。またそれは、いずれにせよ想像したり思考したりすることによって、機会あるごとに再構成できるものである。(Halbwachs 1950=1989: 182)

金は、この「場（milieu）」を「物質性と象徴性からなる空間性」と位置付けている（金 2013: 113）。つまり、空間が集合的記憶の枠組みとなるためには、個人の「想像や思考によってその空間が象徴的に意味づけられる必要がある」（金 2013: 113）ということである。

以上の整理を踏まえて本稿の目的に立ち返ると、本稿における具体的な検討課題は以下の2点となる。第1に、地域社会において産業遺産保全に関与する多様な主体は、それぞれにどのような象徴性を空間としての産業遺産に見出しているのかである。そして第2に、本稿のもっとも中心的な検討課題として、公的な「歴史」からはみ出した産業遺産を、地域社会の側に包摂する上で、その象徴性をどこに見出せばよいのかである。そこで、次章において本稿が事例とする兵庫県の生野鉱山およびその遺構の保全について簡潔に整理し、第4章と第5章でそれぞれ上記の検討課題1と2に従って考察を進めていきたい。

3. 調査地の概要と調査手法

生野町は、兵庫県北部、太平洋側と日本海側の分水嶺を有する中山間地の町である（図1、図2）。2005年に隣接3町と合併し朝来市となったが、本稿では一貫して生野町と表記する。2015年の人口は3,759人で、中心部では市川が刻んだ狭隘な谷地に家々が密集している。

生野鉱山は、807年の開坑と伝わるが、史料からは1542年までに開坑したとされる（清原 2011）。江戸時代は幕府直轄地で明治時代に移ると官営鉱山となり、1896年に三菱合資会社に払い下げられた。その後は日本有数の非鉄金属鉱山として発展したが、1973年に閉山を迎えた。閉山後も生野町には三菱グループの企業が立地し、鉱山施設の一部は現在も三菱マテリアル株式会社が所有している。閉山の翌年には、旧三菱金属と生野町による第三セクターである株式会社シルバー生野が「史跡生野銀山」を開業させた。これは体験用の観光坑道や資料館、食堂などを備える観光施設であり、現在も営業を続けている。ただし、長らく鉱山の遺構を活用した取り組みはこの「史跡生野銀山」の営業に限られ、閉山から約25年間はその他の遺構に目が向けられることはなかった。

こうした傾向が変化するのは2000年前後のことである。後述するように、「生野町総合計画」の策定、神戸大学による調査、市町村合併などを契機として、産業遺産保全の動きが生野町に広まり始めた。この過程で、かつては一体的に操業していた近隣の明延鉱山跡から神子畑選鉱場跡、そして生野町に至るルートを「鉱石の道」と称し、ルート上の産業遺産を

◆論　文

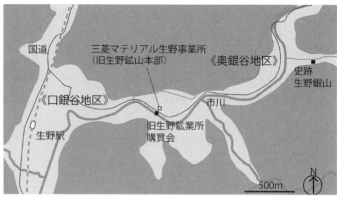

　　　図1　生野町の位置　　　　　　　　　　図2　生野町中心部の略図
（出典）OpenStreetMap を基に筆者　　　　（出典）OpenStreetMap を基に筆者作成
　　　　作成　　　　　　　　　　　　　　（注）口銀谷地区と奥銀谷地区は2009年までの小学校区で、現在でも生野町
　　　　　　　　　　　　　　　　　　　　　　内の自治協議会はこの2地区制である。

　保全した上で観光資源として活用する試みも生まれた。2007年には経済産業省の「近代化産業遺産群33」に認定され、2014年には「生野鉱山及び鉱山町の文化的景観」として国の重要文化的景観にも選定された。さらに2017年には、「鉱石の道」が「播但貫く、銀の馬車道　鉱石の道——資源大国日本の記憶をたどる73kmの轍」として日本遺産に認定されている。

　本稿でこの事例を取り上げる理由は以下の2点である。第1に、上述のとおり複数の文化遺産制度の認定・選定を受けており、日本観光振興協会による「産業観光まちづくり大賞」を受賞するなど、産業遺産の保全活用の代表例として挙げられるからである。第2に、2000年代から顕在化してきた、産業遺産保全の現代的な形態を顕著に表す事例として考えられるからである（平井2017a）。これは、先に述べた主体の多様化のほか、観光を産業遺産保全の手段として位置づけること、保全の対象の拡張などを指すが、こうした特性を生野鉱山跡の保全の実践はすべて併せ持つ。

　調査手法は、半構造化インタビュー調査と参与観察を採用した。インタビュー調査の対象者は16名で、内訳は行政関係者4名、元三菱金属の関係者4名、自治会役員や住民団体の代表、商工関係者6名、後述する神戸市のNPOの担当者2名である。調査は2014年5月から2017年7月にかけて計7回実施した。聞き取り内容は、生野町において産業遺産保全が広まる経緯など基本的なものに加え、それぞれの主体が産業遺産保全に関与する契機や動機、さらには活動の課題などである。加えて、後述する第4回「生野ルートダルジャン芸術祭」（2016年10月25日～30日）に運営スタッフとして参加し参与観察を実施した。

　なお、本稿で産業遺産として指し示す対象は、国際記念物遺跡会議（ICOMOS）と国際産業遺産保存会議（TICCIH）による以下の定義に基づいている。

　　生産、原料の採取と製品加工、またそれに関連するエネルギーや輸送施設についての、過去あるいは現在の産業的プロセスを証明する場所、建造物、コンビナート、区

域、景観、またそれに関連する機械設備、物や文書。(ICOMOS and TICCIH 2011: 2)

　国際的に見ると、産業遺産として保全活用される対象は、生産から輸送、廃棄に至るまでの一連のシステムを示す建造物や構造物に加え、その景観や、関連する博物館、さらにはその産業遺産に由来する「文化的行事」まで、有形・無形の要素にまたがって幅広く存在する（Xie 2015: 44）。日本でも本稿の冒頭に挙げた事情から、かつての産業に由来するさまざまな対象が遺産として資源化される状況にあり、上述した定義を用いるのが妥当と考えられる。生野町においても同様であり、祭りやイベントから景観、建造物・構造物まで「生野鉱山」に由来するものとして捉えられる対象を産業遺産として扱うこととする。

4. 生野町における産業遺産保全の展開

4.1 鉱山町からの脱却と鉱山町の再表象――町並み景観への着目

　本章では、生野鉱山跡の保全をめぐる経緯を整理しながら、どのような主体がいかなる意図をもって生起してきたのか把握を試みる。

　生野町において産業遺産保全が開始された契機は、1996年の「生野町総合計画」の策定に見出せる。この特徴は、住民によるワークショップの提案を重視した点にある。ここで提案された計画を実現させるために、1997年には行政職員と町民から成る「地域づくり生野塾」（以下、生野塾）が発足した。これには、「鉱山依存体質」からの脱却を企図する行政の意向があった[3]。一般に日本の大規模な炭鉱や鉱山では、鉱業権を有する企業がインフラ整備から日用品の販売に至るまで、従業員やその家族の衣食住のほとんどを世話していた。そのため、「何かあれば会社か組合に言う」という依存体質が生じ、閉山後は企業や労働組合の役割が行政に求められた。しかし行政も閉山対策や産業構造の転換に苦慮しており、こうした住民意識の問題は、閉山後のまちづくりの課題として挙げられることが多い（吉岡2012など）。その課題解決の方策がワークショップ重視の総合計画の策定であった。

　しかし、その結果として見出されたのは、鉱山町であったからこその資源であった。生野塾の1つのグループが着目したのは口銀谷地区の町並みであった。もともと、1989年の建築士会の有志による調査以来、鉱山町特有の景観[4]が地域資源になるという認識が住民間に芽生え始めていた。1998年には同地区が兵庫県景観形成条例の指定地区になり、1999年には生野塾の第1グループを母体として「口銀谷の町並みをつくる会」（以下、つくる会）が結成された。つくる会は、調査やシンポジウムなどを継続的に行い、2003年には常設拠点として、旧山師邸宅の建物を改修整備した「生野まちづくり工房井筒屋」（以下、井筒屋）が開業した。

　つくる会はその後も、井筒屋や町内の家屋の軒先に雛人形を並べる「銀谷のひな祭り」（以下、ひな祭り）の開催や、町並み散策ガイドマニュアルの作成などを行ってきたが、その過程で大きな力を発揮したのが町内在住の女性たちである。もともと、生野紅茶の茶葉を利用したクッキーの製造などを行っていた女性グループの「生野紅茶の会」が、2002年に「いくの銀谷工房」（以下、工房）に発展し、工房は現在井筒屋でジャムや紅茶などの製造と販

◆論　文

売を行うほか、先述のひな祭りの企画運営などを行っている。工房のA氏によれば、ひな祭りのアイディアは、元から生野町にあったものを活かしつつ、「町並み散策のきっかけを作りたい」という思いから生まれてきたものだと言う。彼女は、工房の活動の方向性について「自分たちでできること」「身の丈にあったこと」と表現する[5]。つくる会や工房にとって、生野町の最大の資源は町並み景観であり、それを損なわずかつ事業の継続性を担保するための方策が模索されてきた。ひな祭りに参加する家々を増やす過程では女性たちの人的ネットワークが活用され、またそれが新しい地域社会内部のつながりを作ることにもなった。

4.2 2000年代の日本における産業遺産保全をめぐる動向

こうして町並み保全運動から始まった生野町の産業遺産保全は、2000年代に入ると国家政策や市町村合併など外的な要因の影響も受けつつ、それらと連動して進展することになる。

主な外的要因として、第1に学術調査の進展がある。1990年代以降、産業遺産を対象とした学術調査が全国各地で進展しており、2001年からは神戸大学の建築史研究室と生野町が町内や周辺に残る鉱山の遺構の調査を実施し、建築史や産業史の観点からその価値を見出していった[6]。「地元の人間は産業遺産の価値なんて知らなかった。それまでは文化財と言えば江戸時代以前のものと考えてましたから」[7]と当時の生野町の担当者が語るように、鉱山町の町並みという地域資源は見出されつつあったものの、産業遺産という概念はまだ生野町には広まっていなかった。神戸大学のメンバーは、生野町の行政や住民に対して、継続的な調査やワークショップを通して、これまで顧みられてこなかった鉱山の遺構が文化的な価値を有するという認識を広めていく役割を担ったことになる。

第2に、国家政策としての「文化財と地域づくりの共存」（垣内 2011: 18）がある。1996年の登録有形文化財制度の導入、また経済政策と文化政策の接近などを背景に、特に産業構造の転換や過疎化に悩む地域社会の中で、産業遺産は地域固有の資源として注目されるようになった（須田 2009; 平井 2017b）。2007年と2008年にかけて認定された経済産業省の「近代化産業遺産群33・続33」では、産業遺産は明確に「地域活性化の有益な『種』」（経済産業省 2007: 1）と位置づけられた。生野町でも中央省庁の補助金や近代化産業遺産の認定を受けるなど、こうしたナショナルな動きと連動して産業遺産保全が進められていくことになった。

第3に、いわゆる「平成の大合併」がある。先述のとおり、生野町は周辺の3町と2005年に合併し朝来市となった。生野町は、旧4町の中では人口や経済規模が小さく、合併後の主な市庁舎も旧和田山町に置かれた。合併交渉の段階で、生野町の商業の衰退や合併後の発言力を不安視していた商工会や行政は、地域活性化の先進事例の視察や中心市街地活性化構想の策定を行うことになり、この過程でも生野町の産業遺産が着目されることになった。

次節では、これらの外的要因を受け、生野町において具体的にどのように産業遺産保全が進展し、その中でいかなる主体が生起してきたのかを検討する。

4.3 保全される対象の拡張と主体の多様化

先に第1の要因として挙げた学術調査の大きな成果として、産業遺産保全に関わる広域連

携の仕組みが形成されたことが挙げられる。生野鉱山の近隣には、かつて一体的に操業していた明延鉱山、神子畑選鉱場があったが、1987年の閉山・閉鎖後、それらを遺産として保全する動きは生じていなかった。しかし調査の結果、明延から生野を結ぶルートを「鉱石の道」と名づけて整備する方針が打ち出され、2004年度には「『鉱石の道』産業遺産ツーリズム計画」が神戸大学や生野町などによってまとめられた。ここに先述した第2の外的要因が関わることになる。この事業では、2005年度から2006年度にかけて、国土交通省や経済産業省の支援を受け、行政と民間事業者によるコンソーシアムの形成や、モニターツアーの催行、市場調査などが実施された。このコンソーシアムの取りまとめは、株式会社シルバー生野のB氏が務め、他に生野町の信用金庫や商工業者なども参加しており、学術調査の結果を基に、既存の事業者による地域活性化策が検討されたと言える。

同様に、学術調査で見出されたものに社宅建築がある。生野町には、1876年に建造された旧職員住宅が現存しており、それらの復原・改修工事を行った上で、2010年から「朝来市旧生野鉱山職員宿舎（甲社宅）・志村喬記念館」として一般公開した。施設の運営管理は「甲社宅運営委員会」が指定管理者として担うことになり、これによって生野町の産業遺産保全の主体がまた増えることになった。この委員会は生野4区[8]の住民によって構成されるのが特徴で、現在は約20名の運営メンバーが交代で施設の清掃や受付などの業務を行っている。

一方で第3の要因、市町村合併については、若手の商業者や青年会の有志による産業遺産保全の動きを生み出した。彼らは、2005年に「生野もりあげ隊」（以下、もりあげ隊）を結成し、鉱山稼働時の町の様子を再現する祭りや、空き店舗の活用などを実施するようになる。もりあげ隊の主な事業は、「銀谷かいわ祭り」「銀谷ぽっぽ祭り」[9]という2つの祭りを、地域活性化イベントとして立ち上げ運営することであった。当時、もりあげ隊の役員であったC氏は、その狙いを以下のように話している。

> 本町通りっていろいろな店があって、結構賑わっとったんですけど、閑散としてたんで、昔を思い出せみたいな感じで昭和レトロな祭りを開くんです。（中略）何をしたかったというと、僕らの少年時代にあったであろうものを再現する。かいわ祭りっていうのは、メンバーが子どもの頃どうやったかというのを思い出しながら作っていく[10]。

もりあげ隊が企図したのは、かつての賑わいを思い出しながら、「あったであろうもの」を現代に再現することであった。ここでも、つくる会や工房と同様、生産現場としての鉱山ではなく、鉱山町という空間が集合的記憶の枠組みとなっている。ただし、町並み景観に象徴性を見出した前者と異なり、もりあげ隊の場合は賑わいという無形の要素に象徴性を見出したと言える。その後、もりあげ隊は解散するが、当時のメンバーは商工会、自治協議会などの役員として、町内のイベントや祭りの企画に引き続き携わることになった

こうして産業遺産保全の動きが高まる中で、2007年には、807年開坑という伝承に基づき「生野銀山開坑1200年事業」（以下、1200年事業）が1年間を通して実施された。この事業で注目されるのは、鉱山が生野町の「生活文化」と関連づけられた点である。同事業では、江

◆論　文

戸期から続く盆踊りと、鉱山の生活文化が展示や催しの中心に据えられたが、朝来市職員でボランティアとしても産業遺産保全に関わるZ氏は、その経緯を以下のように述べている。

> 平成14年、15年（2002年、2003年）の生野町の調査から、産業遺産というキーワードは出てきてはいたんです。ただ、当時の印象としては、鉱山の歴史文化、産業遺産という新しい価値もありますよというくらいのレベルやったと思うんですよ。この1200年事業も、事の発端はあくまでも1200年の長い歴史を振り返りましょうというものだったんです。ですけど、いろんな資料を集めたり、かつての鉱山の暮らしを再現しようとか、今いる人たちが鉱山が元気だった頃の時代を描こうとすると、どうしても産業遺産に結びつくわけですよ。身近なんで、自分の生活と[11]。

つまり、住民が鉱山の長い歴史を振り返る中でも、身近で想起しやすい過去としての鉱山の賑わいが想起され、生野町に点在する鉱山や関連施設の遺構は、かつての賑わいや自分たちの生活文化を象徴するものとして、残すべき「遺産」と認知されるようになったと言える。

4.4 小括

これまでの内容を踏まえると、生野町における産業遺産保全の展開は以下のように概括できる。まず、一連の活動は、閉山による地域経済の衰退や市町村合併などの地域社会の情勢の変化と、国家政策の影響を受けて立ち上がってきたものであり、対象としての産業遺産の保存よりもむしろ「活用」を志向している点では、各主体の狙いは一致している。また、「鉱山がそこにあったこと」に由来するモノ・コトを保全しようとするが、その対象は遺構や社宅などの有形のものから景観、さらには「賑わい」や生活文化まで幅広く存在する。

一方で、保全の手法や狙いとする効果、空間に見出される象徴性には主体の間に差異がある。つくる会や工房は、まちづくり運動の中で鉱山町の景観に着目し、住民間のネットワークも活用しながら、小規模かつ持続的に景観保全を試みるのに対して、既存の商工業者はあくまでも来訪者の誘致や地域経済の活性化を狙い、ツアーの造成やイベントの実施に主眼を置く。また、前者が景観保全に特化した動きであるのに対し、後者や、甲社宅運営委員会を構成する生野4区の住民にとって、産業遺産保全は恒常的な地域活動の中の一部である。さらに、PoriaとAshworthや金が指摘する、「過去の選択」やそれに関わる「主体の関心の強弱」にも違いがあり、日本の近代化への貢献というマクロな言説から、明治、大正、昭和にかけて形成された「ハイカラ」な町並み[12]、昭和の鉱山町の「賑わい」に至るまで、主体の間で強調される「過去」には差異がある。空間としての産業遺産にそれぞれの主体が見出す象徴性には、主体ごとに違いがあるのだ。それゆえに、生野町においてはこうした多様な主体が連携するプラットフォームは存在せず、この点に問題意識を持つ関係者も多い[13]。

しかし、こうした多様な主体が連携する可能性もまた生野町における産業遺産保全の実践に見出せる。それは、1200年事業で住民の「生活文化」と結びつけられて産業遺産の価値が認知されるようになったという点に関連している。次章ではその可能性について論じる。

5. 旧購買会という場（milieu）とその象徴性としての「生活」

5.1 生野ルートダルジャン芸術祭と旧購買会

本章で取り上げるのが、旧生野鉱業所購買会の建物（以下、旧購買会）である（図3）。三菱マテリアル生野事業所の向かいに位置し、現在も三菱マテリアルが建物を所有しているが、普段は閉鎖されている。購買事業は三菱の福利厚生事業の一環であり、当初は配給所と呼ばれた。現在の建物は1916年の建造と推定されており、その後建て増しされたものも含んでいる（神戸大学大学院建築史研究室編 2008）。配給所は1930年に従業員の組織する生野鉱業所購買会に運営が移されることになり（藤

図3　旧生野鉱業所購買会
（出所）筆者撮影（2016年10月26日）

原 1988）、閉山後も営業は継続された。生鮮食品から洋服、電化製品や医薬品の販売に加え、床屋や食堂も営業し、「ここに来ればすべて揃った」[14]という生野町における小売の中心であった。だがその後徐々に営業規模を縮小し、経営母体の数回の変更を経て、最終的には2008年10月末をもって閉鎖された。建築的に高い評価を受けているわけでなく、文化財や近代化産業遺産としての指定、登録なども受けていない。

しかし、この旧購買会を保全しようという動きが存在する。その中心的な活動が、「生野ルートダルジャン芸術祭」[15]（以下、芸術祭）の開催である。現在まで2011年、2012年、2014年、2016年の計4回開催されている。これは、旧購買会を開放してアート作品を建物内に配し、自由に見学してもらうものであり、2014年からは口銀谷地区、奥銀谷地区の各施設まで会場を拡大した。運営は実行委員会方式で、行政職員のほか、自治会役員、前出のC氏のような商業者に加え、神戸市のNPO法人が協力している。アート・ディレクションやアーティストの募集、運営など多方面において、このNPOの協力が不可欠であり、芸術祭の構想も、2011年に前出のZ氏がNPOのD氏に開催を相談したことに端を発する。また、井筒屋運営委員会や甲社宅運営委員会、シルバー生野などとも協力関係にあり、生野町における産業遺産の保全の実践では数少ない、多くの主体が参画する動きになっている。ただし、会場の拡大後もメイン会場はあくまでも旧購買会であり、アクセスに便利な井筒屋や、多くの観光客が訪れる「史跡生野銀山」にメイン会場が移されることはなかった。

それではなぜ、芸術祭に関わる人たちは、文化財指定を受けていないかつての鉱山の福利厚生施設を保全しようとするのか。なぜそうした動きが多様な主体の連携を生むのか。さらには、そこで芸術祭という仕掛けはどのような意味があるのか。これらを次節で検討する。

5.2 「生活」という象徴性の持つ可能性

先述したように、旧購買会はかつての生野鉱山本部、現在の三菱マテリアル生野事業所の向かい側に位置する。ここはちょうど口銀谷地区と奥銀谷地区の境にあるため、双方の住民が利用し、また顔を合わせる所であった。それは閉山後も同じであり、1987年発行の生野町広報誌『かいわ』に以下のような文章がある。

> 口からも奥からも真ん中にある売店。(中略) 口から来た人、奥から来た人、まあ久し振りと買物しながら話に花が咲く。売店への道、それはみんなの健康づくりに、コミュニティづくりに大きな役割を果たしていると言えよう[16]。

生野町の住民が購買会を利用する機会が多かった理由には、こうした地理的な条件や、先に挙げた品揃えの豊富さなどがあるが、忘れてはいけないのは広範な層の住民が利用できたということである。それを、前出のNPOのE氏は「生活」という言葉で表現する。

> 生活に近かったんかなと思うんです。家族で言うと、お父さんは鉱山で働いてて、お母さんは別に鉱山で働きはしなかったけど、購買会での買い物は女性の方が多かったと思うんで、直接生活に関わる思い出のある場所だったんかなと。ルートダルジャンに来たおばちゃんも、昔はここに何を売っててって言える人が多くて。鉱山の福利厚生の一部だけど、生活に根づいた場所。奥銀谷と口銀谷の間にあるので、どちらの人にとっても生活の思い出が詰まってる場所なんじゃないのかな[17]。

購買会は三菱の運営でありながら、同社の社員やその家族以外にも開かれており、町民は誰でも利用することができた。さらに、採掘や精錬などの生産の現場であれば、そこに直接的な経験を持つのは「お父さん」、つまりかつての男性労働者に限られる。しかし、購買会の利用に性別や年齢の限定はなく、しかも閉山以後も営業を続けたこともあって、その場に直接的な経験を持つ層が幅広いのである。

それでは旧購買会を会場に芸術祭を開くことの狙いはどこにあるのか。第1に、所有者に対するアピールがある。一般的な産業遺産保全の課題として、遺産となる建造物などが企業の私有財産であることが多く、企業の財務状況や経営方針によっては取り壊しのリスクが高まることがある。生野町の場合、三菱マテリアルに対して旧購買会建物の活用の可能性を示すことが、芸術祭開催の大きな目的になっている。そして第2に、地域住民に対して場を開くことがある。芸術祭という仕掛けは、旧購買会という空間を開放することで初めて成立する。その際に、来訪者の一番のターゲットになっているのは地域住民である。たとえば第4回の芸術祭では、今は使用されていない社宅に収められていた、机や箪笥などの家財道具を素材に用いた作品が展示された。また、他の作品の素材提供をした住民たちの写真が各所に展示されるなど、地域住民の来訪を促す仕掛けが為された。開催期間中に、口銀谷、奥銀谷両地区の住民が旧購買会を訪れ、家財道具や写真を見ながら談笑したり、E氏の語りの中にもあったように、筆者らスタッフに対して営業時の様子を語ったりする様子を連日見ること

ができた。第1、第2の狙いはともに、旧購買会という空間を、地域住民にとって「われわれが占有し、頻繁に立ち寄り、いつも近づいている」空間としての場（milieu）としていくための方策であるのだ。

　地域社会の多様な主体が連携して旧購買会を保全しようとする意味について、前出のZ氏が語る「あそこは産業遺産じゃなくて、僕らにとっては記憶なんですよ」[18]という言葉は非常に示唆的である。Z氏の認識において、この文脈における「産業遺産」とは、文化財指定などのかたちで公的な価値が定められた対象であり、Noraの言うところの「記憶の場」、すなわち歴史に属するものである。一方での「記憶」とは、歴史ではなく、しかし「僕ら」にとっての、集合的記憶の枠組みとしての場（milieu）であり、その象徴的意味づけとして「生活」があると考えられる。ここでの「僕ら」とは芸術祭の主要メンバーのことであるが、先に述べたように、芸術祭という仕掛けによって彼らは「僕ら」を広く地域住民にまで拡張しようとする。そして、文化財指定されていないかつての福利厚生施設を、地域住民の側で保全していこうとする。

　その際に、旧購買会という場が地理的にも社会的にも、地域住民に開かれた存在であったという点が重要になってくる。生野町における産業遺産保全において、町並み景観や町場の賑わい、あるいは鉱山の採掘・生産現場など、他の対象と比べて旧購買会が特異なのがこの点である。旧購買会は、口銀谷地区と奥銀谷地区の境に位置し、それが長きにわたって地域住民の「生活」に密接に関連する場であったがゆえに、その場に直接的な経験を持つ地域住民が多い。そのため、広範な人びとが同じ空間に対して共通の象徴的意味づけを見出しやすい。これが、生野町の産業遺産保全に関わる多様な主体が旧購買会の保全に参画することに1つの要因であると考えられる。そこに自覚的であるからこそ、Z氏ら芸術祭の主要メンバーは、建物の所有者である三菱マテリアルに対して旧購買会という場を開くように要求し、さらに地域住民の来訪を促す仕掛けを芸術祭の中に入れ込んでいる。そして、「生活」という象徴的意味づけを付与された場（milieu）であるところの旧購買会が、生野鉱山にまつわる集合的記憶の枠組みとして機能することを企図しているのだと言える。

6. 結語

　本稿では、産業遺産保全に関係する主体の複数性と、複数の主体が公的な価値づけから排除された産業遺産を地域社会の側に包摂する可能性について、生野鉱山跡の保全の実践を事例に論じてきた。

　前者については、生野町における産業遺産保全の実践を、地域社会の情勢の変化に基づく必要性から立ち上がってきた「活用」志向の動きであり、幅広い対象を保全の範疇に収めつつも、異なる関心事項と方法論に基づく運動の緩やかな集合体として描出することができよう。また、一連の運動は同時期の国家政策とも密接に関連するものであることも明らかになった。そして、それはあくまでも緩やかな集合体であり、内部には保全の方法論や運動の位置づけに関わる差異が存在し、時にそれは地域社会内部のコンフリクトも招きうるものであることも同時に明らかになった。しかし一方で、後者については、芸術祭の事例から1つの

◆論　文

　可能性を見出すことができた。その可能性は、産業遺産にまつわる集合的記憶の枠組みとしての場（milieu）が、どれだけ広範な住民に対して共通の象徴性を持つかという点に左右される。そして、そうした象徴性とは、地域社会内部のさまざまな層に直接的な経験をもたらしうる「生活」にあると結論づけることができる。

　この点は、産業遺産の価値構築をめぐる排除の問題を考える上では特に重要である。木村至聖は、2015年に世界文化遺産に登録された「明治日本の産業革命遺産」の価値構築の過程において、「専門的技能を持つエリートたちの試行錯誤と最終的な成功物語」としての「『技術』中心の物語」に焦点が収斂していった危険性を指摘する（木村 2014: 239）。なぜなら、そこには「働く人々の生活や労働現場」の物語が抜け落ち、「特定の社会集団の文化的シンボルを特権化してしまう思考」が働くからである（木村 2014: 239）。本稿で得られた知見と木村の指摘を踏まえると、産業遺産にまつわる集合的記憶の枠組みとなる空間の象徴性を、労働から生活へと転位させることが、地域社会の広範な主体の言説を包摂した産業遺産保全への足掛かりになるのではないか。

　一方で、本稿はその萌芽までは示すことができたが、芸術祭が広範な地域住民に対して旧購買会を場（milieu）として認識することを促し、かつそれが生野町における産業遺産保全の実践全体を、広範な主体の言説を包摂したものに至らしめているのかという点は、さらなる調査と考察が求められるだろう。生野町においては、第3章で触れたように日本遺産の認定という新しい公的な価値づけが与えられ、産業遺産保全の実践にもさらなる変化が生じつつある。この過程をさらに精緻に考察することで、本稿が論じえなかった可能性や課題を見出しうると筆者は考えている。

注
(1) 保存、保全、さらには保護や修復の概念については、建築学や文化財学、都市計画論、環境学などでさまざまに議論されている。本稿では、西村幸夫の定義に従って、保全を対象の保存のみならず修理、復元、活用なども含む広い概念として用いている。西村によれば、保存の特徴は①文化財的価値の評価、②最低限の構造補強、③凍結的な維持の3点であり、一方で保全の特徴は①歴史的価値の評価、②機能の保持、③適切な介入による現代への適合の3点である（西村 2004）。
(2) milieu の訳語は「環境」「集団」など訳者によって異なる。本稿では、「milieu がそれぞれの lieu を包含する関係にあるという両者の関係を踏まえ、本稿では milieu に『場』、lieu に『場所』という訳語をあてる」（金 2013: 113）という金瑛の訳を採用する。以下の Halbwachs の引用部の訳も金によるものである。ただし、Nora の "Lieux de mémoire" の訳が「記憶の場」と定着していることもあり、本文中では「場（milieu）」と表記する。
(3) 朝来市職員のX氏への聞き取りより（2016年12月9日）。
(4) 鉱山町としての繁栄を今に示す洋風建築や伝統的建造物群に加え、製錬の際に発生する余剰物である「カラミ石」を用いた塀や水路、さらに鉱山から国鉄生野駅までを結んだトロッコ線路跡が残ることなどが評価された。
(5) 工房のA氏への聞き取りより（2016年12月8日）。
(6) これには、1993年度から文化庁が全国悉皆調査として実施した「近代化遺産（建造物等）総合

調査」が大きく影響している。ただし、兵庫県では 2004 年度から 2006 年度にかけて同調査が実施されたので、神戸大学と生野町による調査は全県調査に先立って実施されたことになる。

(7) 朝来市職員の Y 氏への聞き取りより（2014 年 5 月 25 日）。
(8) 生野町では自治会を「区」と呼称し、口銀谷地区は生野 1 区から 6 区の 6 つの区によって構成される。
(9) 「かいわ」は生野中学校前の偕和橋、「ぽっぽ」は祭りを開催した通りが国鉄の旧生野駅に至る道であったことに由来する。
(10) 生野町の商業者である C 氏への聞き取りより（2016 年 12 月 7 日）。
(11) 朝来市職員の Z 氏への聞き取りより（2016 年 6 月 20 日）。
(12) A 氏への聞き取りより（2016 年 12 月 8 日）。
(13) 前出の C 氏は「それぞれに好きなことをしている」述べており、また同じく X 氏や、後述する D 氏なども同じ印象を述べている（2016 年 12 月 7 日）。
(14) 元生野町職員の V 氏への聞き取りより（2017 年 7 月 13 日）。
(15) ルートダルジャンはフランス語で「鉱石の道」の意である。
(16) 生野町の広報誌『かいわ』1987 年 10 月号の「随想　売店への道」より。なお、生野町の住民は購買会を「売店」と呼ぶ人が多く、「口」「奥」はそれぞれ口銀谷地区、奥銀谷地区の略称として日常的に用いられている。
(17) NPO 法人の E 氏への聞き取りより（2016 年 12 月 10 日）。
(18) Z 氏への聞き取りより（2016 年 12 月 9 日）。

［謝辞］

　本調査にご協力いただいた皆さまに心から感謝を申し上げます。本稿の内容の一部は、地域社会学会第 42 回大会（2017 年 5 月、秋田県立大学）で発表したものであり、会場において有益なご質問やコメントを頂いた方々、また、本稿の査読者の方々にも感謝を申し上げます。なお本稿は、JSPS 科研費 15F01283 の助成による研究成果の一部です。

文献

Benton, T., and C. Cecil, 2010, "Heritage and Public Memory," T. Benton ed., *Understanding Heritage and Memory,* Manchester: Manchester University Press, 7-43.

Connerton, P., 1989, *How Societies Remember,* Cambridge: Cambridge University Press.（＝ 2011, 芦刈美紀子訳『社会はいかに記憶するか――個人と社会の関係』新曜社．）

藤原寅勝，1988,『明治以降の生野鉱山史』生野町教育委員会．

Halbwachs, M., 1950, *La mémoire collective,* Paris: Albin Michel.（＝ 1989, 小関藤一郎訳『集合的記憶』行路社．）

平井健文，2017a,「日本における産業遺産の観光資源化プロセス――炭鉱・鉱山の遺構に見出される価値の変容に着目して」『観光学評論』5(1): 3-19.

―――, 2017b,「産業遺産の価値構築と普及のプロセス――日本における産業遺産保全の通時的考察」『産業考古学』154: 2-10.

ICOMOS and TICCIH, 2011, "Joint ICOMOS - TICCIH Principles for the Conservation of Industrial Heritage Sites, Structures, Areas and Landscapes," TICCIH, Michigan: The International Committee for the Conservation of the Industrial Heritage, (Retrieved September 27, 2017, http://ticcih.org/about/about-ticcih/dublin-principles/).

アンリ・ピエール・ジュディ，斉藤悦則訳，2002,「文化遺産と観光」荻野昌弘編『文化遺産の社会

学——ルーヴル美術館から原爆ドームまで』新曜社，130-44．

垣内恵美子，2011，「文化財保護と地域づくり」垣内恵美子編著『文化財の価値を評価する——景観・観光・まちづくり』水曜社，11-39．

経済産業省，2007，「近代化産業遺産群33——近代化産業遺産が紡ぎ出す先人達の物語」，経済産業省ホームページ，（2017年9月26日取得，http://www.meti.go.jp/policy/local_economy/nipponsaikoh/pdf/isangun.pdf）．

木村至聖，2014，『産業遺産の記憶と表象——「軍艦島」をめぐるポリティクス』京都大学学術出版会．

金瑛，2012，「集合的記憶概念の再考——アルヴァックスの再評価をめぐって」『フォーラム現代社会学』11: 3-14.

————，2013，「記憶における時間意識——アルヴァックスの記憶観をめぐって」『日仏社会学年報』24: 103-15.

清原幹雄，2011，『生野銀山と銀の馬車道』神戸新聞総合出版センター．

神戸大学大学院建築史研究室編，2008，『朝来市の近代化遺産調査報告書』朝来市教育委員会社会教育課．

松浦雄介，2005，『記憶の不確定性——社会学的探究』東信堂．

————，2013，「記憶と文化遺産のあいだ——三池炭鉱の産業遺産化をめぐって」『西日本社会学会年報』11: 37-50.

Misztal, B. A., 2003, *Theories of Social Remembering,* Berkshire: Open University Press.

西村幸夫，2004，『都市保全計画——歴史・文化・自然を活かしたまちづくり』東京大学出版会．

Nora, P., 1984,"Entre mémoireet histoire: la problématique des lieux," P. Nora ed., *Les lieux de mémoire, I: La république,* Paris: Gallimard, xii-xxiv. (＝2002，長井伸仁訳「記憶と歴史のはざまに」『記憶の場——フランス国民意識の文化＝社会史1　対立』岩波書店，29-56.）

Poria, Y. and G. J. Ashworth, 2009, "Heritage Tourism: Current Resource for Conflict," *Annals of Tourism Research,* 36(3): 522-5.

Schudson, M., 1995, "Dynamics of distortion in collective memory," D. L. Schacter ed., *Memory Distortion: How Minds, Brains, and Societies Reconstruct the Past,* Cambridge: Harvard University Press, 346-64.

Soyez, D., 2009. "Europeanizing Industrial Heritage in Europe: Addressing its Transboundary and Dark Sides," *Geographische Zeitschrift,* 97(1): 43-55.

須田寛，2009，『新産業観光』交通新聞社．

竹沢尚一郎，2015，「フォーラムとしてのミュージアム」竹沢尚一郎編著『ミュージアムと負の記憶——戦争・公害・疾病・災害：人類は負の記憶をどう展示するのか』東信堂，3-36．

田中英資，2017，『文化遺産はだれのものか——トルコ・アナトリア諸文明の遺物をめぐる所有と保護』春風社．

Xie, P. F., 2015, *Industrial Heritage Tourism,* Bristol: Channel View Publications.

山本理佳，2013，『「近代化遺産」にみる国家と地域の関係性』古今書院．

吉岡宏高，2012，『明るい炭鉱』創元社．

非大都市部への〈移住〉者による地域的ライフスタイルの受容
―――山梨県都留市での調査から―――

山口 博史

1. はじめに

1.1 地方移住への関心の高まりと本研究の視点

　これまで「移住」といえば、非大都市部から都市部へ移住が行なわれるケースに関心が向けられる傾向があった。しかしながら、近年、非大都市部への移住者に注目が集まっている（小田切2016）。「地方創生」の政策的方向性とともに、一般にも移住者に対する関心が寄せられ、各地の「移住コンシェルジュ」など、移住者を支える仕組み作りも試みられている。同化とは一線を画した移住者の移住先の生活文化の受容についての考察は、研究の側面からも実践活動からも関心が持たれうるテーマである。この状況をふまえ、本稿では移住者が移住先のライフスタイル（後述）をどのように受容するのか、そして受容に時間がかかるのはいかなる局面かについて論じてみたい。

　一般の関心と前後して、日本の地方への移住者に関する社会学的研究関心は高まりをみせている。量的な手法を用いているものにしぼれば、これら地方への移住者についての先行研究はその対象者について大きく2種類に分けることができる。第1の型は、移住者を主に対象にした研究である。北山らはU、Iターン者を対象として島根県の海士町、美郷町、江津市で調査研究を行ない、属性、移住前後の状況変化、移住の動機、望ましい移住促進施策などについての知見を得ている（北山・橋本・上園・関2010）。山本は中国山地のフィールドを対象に、移住者の属性、社会経済的特徴、移住動機や移住前後の変化、意識や地域に対する評価などについて知見を得ている（山本2013）。鯵坂らは京都府綾部市でのU、Iターン者を対象とした調査において、これまでの研究を受け止めつつ、それらの人びとの社会的属性、社会経済的状況、移住動機や移住前後の状況変化、近所づきあい、定住意思、移住先自治体の施策などについて分析を行なった（鯵坂・河野・松宮2016）。これら先行研究では、移住者の地域的ライフスタイル受容の検討よりも、移住者の属性と移住動機や定住に関する意思に力点が置かれる傾向がある。そうした中でも鯵坂らは移住者が地域へ溶け込むことに注目しており（鯵坂・河野・松宮2016: 32-38）、本稿の問題設定からも意義が大きい。ただ、移住者のライフスタイルを広くカバーし、かつ非移住者との比較を行なったものではないため、この点についてさらに詳細な研究の必要があろう。

　先行研究の第2の型は調査対象地域出身者と移住者の間で比較を行なうものである。最近の業績としては狭間によるものがある（狭間2013; 狭間2017）。狭間の分析は全国調査データによるもので、シャープな問題設定が行なわれており、知見の一般化の点で大きな意義の

◆論　文

ある研究である。特に定住者と移住者を比較した際のU、Iターン者が持つ視野の広さ、Uターン者の地域志向の強さ、またIターン者が有する革新性など（狭間 2017）、これまで人びとの移動にともなって漠然と言及されていた移住者像の特性が明瞭に述べられている。とはいえ、研究の焦点が移住者の生活の一部であること（シャープな問題設定がなされているからだが）にも留意したい。また、方法論上無理もないが、各々事情が異なる非大都市部を一様に取り扱うことについては、なお検討を深める必要が感じられる。その他、住民と新住民の比較という点では中塚（2008）も目にとまる。第2の型に対して第1の型（移住者を対象とした諸研究）は、方法論上、知見の全国的な一般化の面では難があるものの、対象地域の特性をふまえた上で知見を検討しているところは強みである。しかし、移住者の属性、社会経済的状況、またライフスタイルなどがもともとの住民とどのように異なるのかについては、調査設計上比較が難しい。

　以上をふまえ、本稿ではある地域の特性をおさえたうえで、県外出身者と調査対象地域出身者のライフスタイルにみられる特徴について、量的に比較することにしたい。地域的に限定された事例について、「計量的モノグラフ」（尾嶋 2001: 1-17; 吉川 2003: 485-486）のスタンスをふまえ、「問題発見的な視点を持ちつつ、得られた経験的知見を整序化し、統合化」（尾嶋 2001: 10）することを目指す。これにより地域的な習慣や地理的な具体状況を念頭におきながら、特定のライフスタイルが移住者にいかに受容されるかを量的データから描きたい。居住の長期化が地域へのコミットメントを深化させること（Kasarda & Janowitz 1974）は広く認められた知見である。この知見に従い、移住者による移住先ライフスタイル受容と時間経過の関わりについても見定めていきたい。

　このため、まずは出身地と県外居住歴によって場合分けをし、移住経験が今回取り上げるライフスタイルとどう関わるのかについて可視化する。同時に他地域出身者が居住地域のライフスタイルを時間とともにどう受容するかを探る意味合いから、居住年数にも目配りを行ないつつ、その他の変数も統制した分析を行なう。これにより、移住経験者と非経験者の間にあるライフスタイルの違いはどのようなものか、移住先への居住長期化によって、移住者たちは移住先のライフスタイルをいかに受け入れていくのかについて検討を行なう。

　本稿ではライフスタイルとは「人びとが『ある一時点でどのように生きているのか』を単純化し共通パターン化したもの」（小林 2017: 2-3）とする。ここで、ライフスタイルの要素を細分化して検討すると、どのスタイルを受容し、どのスタイルを受容していないかがよく見えなくなってしまいかねない。とはいえ、調査設計上、すべてを検討することも難しい。本稿では総務省統計局の社会生活基本調査でいう1次（生きていくうえで不可欠な活動）、2次（社会生活上求められる活動）、3次（余暇活動や交際・つきあいなどの活動）という社会生活の活動区分をふまえ、地域に残る伝統的な食文化（1次）、買い物（2次）、地域的な集団への参加、友人や家族・親族とのつきあい（3次）を指標として用いていく。

　なお、近年の言説には、全国の非大都市部における人口減少と地域活力の低下という現状認識のもと、移住者を地域活性化の契機にするにはどのような方策がありうるかという視角をうかがえることもある。政策の提言としてもこうした視角の意味あいは小さくない。ただ、その問題意識には移住者[1]を移住先の地域のためにどう「活用」するかというともすれ

ば外部的な視点が入りうる。本研究では、当事者の視点に定位することをねらい、移住経験者が地域的ライフスタイルをいかに受容するかについて分析することをめざす。

また詳細は後述するが、本稿では山梨県都留市を研究の俎上におくことにする。次節ではこの町の特性と調査の概要についてのべる。調査地域の特徴を概観することで移住者をとりまく地域社会の状況を一定程度明確にすることができるだろう。

1.2 調査地と調査の概要

調査を行なったのは山梨県都留市である。都留市は山梨県南東部に位置する人口3万人あまり[2]の市である。東京都西部の都市部（八王子市や立川市など）や山梨県の県庁所在地である甲府市へは特急等の速達電車で1時間内外の距離にある。山梨県では一般に甲府方面を「国中地域」、都留市が含まれる山梨県東部・富士北麓地域を「郡内地域」と称し、両地域には方言・文化などの点で相違があるという見方がある（高橋 2012c: 58-59）。特に産業的には郡内地方と国中地方とでは農林漁業従事者数の違いが大きい。この研究でとりあげる都留市は、第一次産業従事者の割合は1.4％に過ぎない。果樹等の栽培で全国に知られた国中地方とはこの点で大きな違いがある[3]。この背景として都留市周辺の山がちな地勢がある。都留市の可住地面積は15.7％[4]に過ぎず、町は山中湖に源を発する桂川をはじめとした河川が形作る谷間に細長く広がっている。そのほか、富士山に近く有名な水源地（平成の名水百選（十日市場・夏狩湧水群））を有するなど、自然環境に恵まれた地域でもある。反面、2000〜2005年以降は人口減少を記録するなど地域をとりまく状況は容易ではない部分もある。

この町の特徴として、人口の10％を超える学生[5]が所属する都留文科大学があることがあげられる。この大学は山梨県だけでなく、全国各地から学生を集める[6]。そのため、若者が他地域から移住し、在学中の期間を都留市内で過ごす[7]。また山梨県自体、移住先として関東圏で人気が高まっているという見方[8]がある（NPO法人ふるさと回帰支援センター 2017）。

この町を調査対象として選定したのは、若年の移住人口の多さからくる絶えざる住民の入れ替わりがあると同時に、無尽（頼母子講、以降 RCA (Rotating Credit Association) (Geertz 1962: 243) と略）や特徴的な郷土食が現在でも見られる（杉本2007; 日本の食生活全集・山梨 編集委員会1990）ことも理由である。先にもふれたが、特有の地域文化があることで、それが新たに住民になった層にどのように受容されるのかをみていくことができる[9]。これは全国調査では分析しづらく、特定地域での調査の意義が大きいポイントである。

本研究のために行なった調査（以降、2017年都留調査と略）では20〜79歳の都留市に住民票をおく人を対象とした。対象者は22,683名であった（2016年11月末時点）。都留市役所で住民基本台帳を閲覧し、系統抽出でサンプリングを行なった（2016年12月）。その結果、809人を抽出（抽出率、約3.6％）した。2017年1月から返信用封筒を同封して調査票（調査概要や個人情報保護についての説明などを付記）を郵送した結果、転居等の理由で8通が不達になった。1月19日に協力へのお礼と未回答対象者あての備忘を兼ねてはがきを発送した。その後、2月までで調査票の収受を終了した。明らかな無効票を除いた最終的な回収率

は51.4％（412／801）であった。

2. データと分析

2.1 対象者の特徴と分析のカテゴリー

本稿では対象者を3つの分析カテゴリーに区分する。カテゴリーは次のとおりである。なお出身地は中学卒業時点での居住地が県内か県外かによって区分している。

〔cat.A〕山梨県内出身者（他県での2年以上の居住経験なし、全体の49.2％）
〔cat.B〕2年以上の県外居住経験のある山梨県出身者（いわゆるUターン層を少なからず含むため、以下Uターン層とも表記、全体の34.8％）
〔cat.C〕県外出身者（全体の16.0％）

まず回答者にみられる特徴を確認したい。表1は先の3カテゴリーごとの対象者の諸特徴を示したものである。最初にカテゴリーごとの男女の割合からみていこう。Uターン層で女性割合が低く（男性割合が高く）、県外出身者に女性割合が高いのは山本（山本 2013: 116-118）の知見と同様の傾向である。男性にあっては「地域を継ぐ」（山本 2013: 117）ことが重要であり、それが他地域に一定期間居住しても出身地に戻る層の動機を一定程度形成しているのであろう。他県出身者に女性が占める割合の高さは、「婚入」（山本 2013: 118）によるケースのほか、市内に立地する大学の女子学生割合が高いこと[10]にもよっていよう。

表1　対象者の特徴（カテゴリーごと）

	cat. A	cat. B	cat. C	全体
女性割合（％）***	56.2	40.4	68.3	52.7
高等教育経験割合[11]（％）***	22.4	48.1	48.4	35.5
現在働いている（％）**	68.2	78.1	52.4	69.1
ひとり暮らし割合[12]（％）**	8.8	10.2	23.8	11.7
家計面からみた暮らし向き[13]	2.3	2.4	2.5	2.4
市内居住年数***	48.1	42.2	21.8	41.9

**$p<.01$　***$p<.001$

高等教育経験者割合は他県出身者、Uターン層で高くなっている。全員ではないにせよ、Uターン層に高等教育を受ける機会を県外に求めたケースが少なくなかったことが読み取れる。県外出身者の高等教育経験者割合が高いのは、県外で高等教育を受ける機会があったことおよび市内大学に在籍中の者を少なからず含んでいるためと思われる。現在働いているかどうかについて、Uターン層で高く、県外出身者で低くなっているのはジェンダー役割の反映が背景のひとつにあるものとみられる。ひとり暮らしの割合は県外出身者で顕著に高くなっている。ここまでと同様の説明になるが、学生として全国から移住してきて大学周辺の地区で一人暮らしをする若者が少なくないためだろう。

なお、家計面からみた暮らし向きについては、移住経験カテゴリー間で統計的に有意な違いを見出すことはできなかった。市内居住年数については、県外居住経験のない県内出身者

で長く、県外居住経験のある県内出身者は中位に位置し、県外出身者は短くなっている。県外出身者は中学卒業より後に市内に転入してきた人びとであることから、市内居住年数が短くなることは自然な結果といえるだろう。

2.2 データ分析と結果

先の検討をふまえ、ここでは移住経験がライフスタイルとどう関わるかをみていく。なお、この分析を行なうときに移住経験について前節のカテゴリーA、B、Cを援用する。B層（一定期間の県外居住経験のある山梨県出身者）を分析に用いるのは、一時的なものではあっても県外に居住した経験が現在の生活にどれほど影響をおよぼすかをみるためである。また前項であげた2017年都留調査の対象者の特徴から性別、高等教育経験、いま働いているかどうか、家計面からみた暮らしぶり、市内居住年数[14]をピックアップして統制変数とする（以下、基本属性と表記）。地域的ライフスタイルについて、移住者がこれらをどのように受容していくかを検討するときには、3カテゴリーごとの単純な比較に加え、基本属性を統計的に統制したうえで（文末・表2、および注29を参照）、移住のインパクトをみていくこととしたい。

2.2.1 食文化、買い物について

はじめに、社会生活基本調査でいう1次、2次活動に関わるライフスタイルについてみていこう。ここでは地域に残る伝統的な郷土食文化（日本の食生活全集・山梨　編集委員会 1990）に着目したい。次に、都内など大消費地に比較的近いという地域特性から、都内や国中地域といったやや遠方での物品の入手についてカテゴリーA〜Cの違いを見ていく。

まず取り上げるのは食文化の面である。食に関して人は保守的であるということはしばしばいわれる。県境を越えた移住は、ときに食文化の面で大きなインパクトを移住者にもたらす。このインパクトをどのように考えるべきであろうか。下の図1は都留市および山梨県内でしばしばみられる郷土食・特産品、その他11品目[15]を機会あるとき摂食するかどうかたずね、摂食するという選択を1、摂食しない旨の回答を0として11項目を合計してスコア化した（以下、「郷土食スコア」と略）ものである[16]。

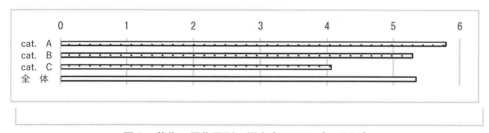

図1　移住・居住歴別　郷土食スコア（p<.001）

図1に明らかなように、県外出身者の郷土食スコアは、県内出身者と比較して統計的に有意に低い[17]。また、基本属性を統制して分析を行ない、県外出身であることの郷土食スコアに対する意味合いを評価したところ、県外出身者は県外居住経験がない県内出身者と比べ

◆ 論　　文

ると、統計的に有意に郷土食スコアが低い（表2、モデルA）。このことから、ライフスタイルのうち郷土食消費の面からは、居住年数の長期化があっても県外居住経験のない県内出身者と県外出身者の間の違いがはっきりしていることを読み取れる。ただし、Uターン層と県外出身者との郷土食スコアの差は統計的に有意ではない。このことから、今後さらに詳しく研究を進め、県外への移住経験が郷土食消費に影響を与えている可能性も考慮する必要もあろう。

つづいて買い物に関わる行動についてである。調査地である都留市は地方都市であり、物品入手利便性について、大都市部とかならずしも同様の水準にあるとはいえない。都留市内で購入できないものについては、近隣地域での購入もしくは通信販売などを利用することになる[18]。先にも述べたように都留市は東京の多摩地域に近い。特急等の速達電車利用であれば八王子までと甲府までの所要時間はほとんど変わらない。そうしたなかで物品購入には移住経験によってどのようなパターンがみられるだろうか。

図2は必要であっても都留市内で買えないものをどこで買うかという質問について、都留市から少し離れた具体的な場所をあげて頻度[19]を求めたものである。図2から23区内での買い物はUターン層、県外出身者層で比較的みられることがわかる[20]。そして、県外出身者にあっては、甲府周辺、東京都西部、23区内での物品購入頻度が県内出身者ほどには異ならないことを図2から読み取れる。移住経験を有する層はより広い範囲の移動を行ないながら物品購入を行なっているとみることができるだろう。これらは移住経験者とそうではない層の消費生活に関わるライフスタイルに一定の違いがあることを示すデータである。

ここで、図の項目冒頭の◇は、基本属性を統制した際、購買行動に県内出身者（県外居住経験なし）と県外出身者との間で統計的有意差があること（カテゴリーA-C間、以下同様）、項目冒頭の◆は基本属性を統制した際、購買行動に県外居住経験のある県内出身者と県外出身者との間で統計的有意差があること（カテゴリーB-C間、以下同様）を示している。詳細は本文末尾の表2を参照されたい。

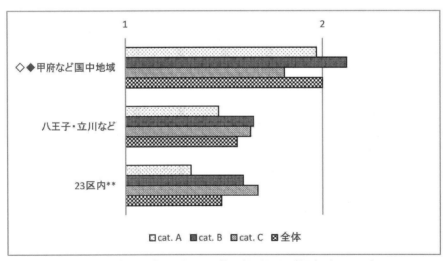

図2　移住・居住歴別　買い物の場所および頻度（**p<.01）
参照カテゴリーをcat.Cとし、基本属性を統制したとき、cat.Aとの間の有意差を◇、cat.Bとの間の有意差を◆で示す。

基本属性を統制してみると、県外出身者と比べ県内出身者が甲府周辺で物品購入を行なう傾向を読み取れる（表2、モデルB）。甲府と東京都西部はそこに行くまでの所要時間の上で大きな差がないにもかかわらずである。ただ、図2でみられた23区内での物品購入行動について県外出身者と県内出身者の違いは見られなくなる。また、概して、居住地域からやや離れた場所での買い物は居住年数が長くなるほど少なくなっていく（表2、モデルB・C）。このように、県外出身者も居住が長期化するにつれ県外での買い物を行なわなくなっていく。その意味でライフスタイルの違いは県外での消費については時間経過とともに解消する方向といえよう。とはいえ、他県出身者にあっては、特に甲府近辺での買い物志向は低いままにとどまるところでライフスタイルの違いが残る。

2.2.2　友人、家族・親族関係および社会集団への参加について

この節では社会生活基本調査の区分で3次活動にあたる友人や家族・親族についてのパーソナル・ネットワークが、カテゴリーA～C間でどのように異なるかをまず見ていく。続いて同様に3次活動に該当する社会集団参加について検討を行なうが、価値観が多様化した現代ではさまざまな集団への参加が考えられる。本研究では移住以降の年月経過にともなう移住者のライフスタイル受容が問題意識にある。このことから、比較的参加率が高く、相応に古い時代にルーツをもつ町内会・自治会およびRCAについてみていきたい。

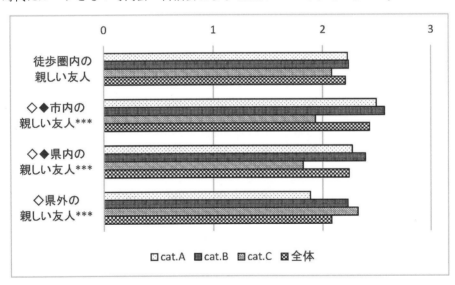

図3　移住・居住歴および空間的距離別・友人（***p<.001）
参照カテゴリーをcat.Cとし、基本属性を統制したとき、cat.Aとの間の有意差を◇、cat.Bとの間の有意差を◆で示す。

図3は徒歩圏内、市内、県内、県外の別に、カテゴリーA～Cごとの友人関係[21]をあらわしたものである[22]。徒歩圏内の友人ネットワークについては移住経験によって統計的に有意な差はない。基本属性および県外出身また県外への居住経験で統計的に統制しても同様である（表2、モデルE）。また、市内に他県からの移住者を引き寄せる大学があり、大学近辺に集住する学生同士の友人関係の影響があるが、学生を除外して基本属性を統制して分

析したところ徒歩圏内の友人関係に差は見られなかった[23]。ここから、県外出身者であっても徒歩圏内の友人ネットワークは時間とともに形成され、県内出身者とそれほど変わらない水準に達することが読み取れる。ここにこの町の地域的紐帯の強さを読み取ることも可能だろう。

　図3によって市内の親しい友人との関係を見てみると、県外出身者と県内出身者の間には少なからず差があることがわかる。また県内の友人数についても同様の傾向である。なお、これまでの方法で基本属性を統制してみても、県外出身者は市内および県内の友人数が統計的に有意に少ないことが明らかである（表2、モデルF・G）。反対に、県外の友人数は市内・県内友人数とは異なるパターンを示している。県外居住経験者は、非経験者と比べて県外友人数が多い。基本属性を統制した分析によっても、Ｕターン者と県外出身者との間に統計的有意差はみられないのに対し、他県居住経験のない県内出身者と県外出身者との間には友人ネットワークにおいて統計的に有意な差があることが示されている（表2、モデルH）。県外居住経験は県外の友人ネットワークを拡げるきっかけになりうるといえよう。

　これをまとめると次のようなことになろう。まず、本稿で用いたデータによるかぎり、徒歩圏内などの近隣関係は県外出身者にも県内出身者とよく似た水準でみられるということである。その意味では県外出身者は時間とともに徒歩圏内の隣人との関係を形成し、環境を受容していく。しかし、近隣以遠の市内・県内といった空間的にやや離れた範囲では、県内出身者は県外出身者よりも友人ネットワークの面で豊かということもわかる。県内出身者の間で近隣以遠の関係形成が進む理由としては学校に通っていたときの関係（松本 1992:178）など、それまでの市内・県内の移動や相互作用にもとづく友人関係があることが考えられよう。また他県居住経験者が県外で形成したパーソナル・ネットワークは県外・県内出身者ともに残存しているということとも表裏一体である。友人関係と次の親族関係に関する分析の結果は松本による知見（たとえば松本 1992: 169; 178-179）と大きく矛盾せず[24]、呼応する部分のある結果ということに留意したい。

　図4はカテゴリーＡ〜Ｃごとに市内、県内、県外のそれぞれについてつきあいのある家族・親族がどれほどいるかをあらわしたものである[25]。

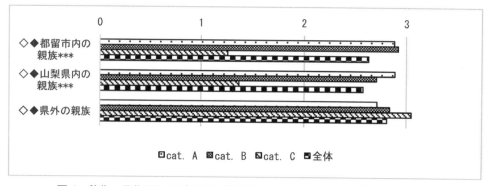

図4　移住・居住歴および空間的距離別・つきあいのある親族　(***p<.001)
参照カテゴリーをcat.Cとし、基本属性を統制したとき、cat.Aとの間の有意差を◇、cat.Bとの間の有意差を◆で示す。

　ここでも友人数と類似の傾向がみられる。つまり県外出身者にあっては市内や県内の親族

関係が少ないということである[26]。これは移住前の親族関係が残存しているということで意外なことではない。市内・県内の親族関係については、基本属性を統制した分析でもこれと同様の傾向が認められる（表2、モデルI・J）。県外の親族関係については市内・県内のそれとは異なるパターンがあらわれる。図4のような単純なカテゴリー別の分析では移住経験によって差はみられないが、基本属性を統制すると、県内出身者（カテゴリーA・B）は県外出身者（カテゴリーC）に比べ統計的に有意に県外の親族数が少ないことがわかる（表2、モデルK）。ここには友人関係との類似現象をみることができる。友人関係と比べてもなお親族関係は長く存する度合いが高いものとみられよう。

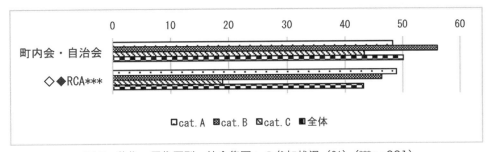

図5　移住・居住歴別　社会集団への参加状況（％）（***p<.001）
参照カテゴリーを cat.C とし、基本属性を統制したとき、cat.A との間の有意差を◇、cat.B との間の有意差を◆で示す。

図5は社会集団への参加状況を示したものである[27]。町内会・自治会参加について、3つのカテゴリー間で統計的に有意な参加傾向の違いはみられない。これは先の分析（図3、徒歩圏内の友人関係が県外出身者と県内出身者との間で大きく異ならない）の結果と呼応するものであり、この地域の地縁的紐帯の強さをうかがえるものであろう。しかしRCA参加については、県内出身者と県外出身者の差は明らかである。同時に、全体として40％を超えるRCA参加状況は目をひく[28]。

町内会・自治会、RCA参加について、基本属性を統制したロジスティック回帰分析の結果を注29に示す。この結果から、県外出身であることは町内会・自治会参加では統計的には有意な影響をやはりもたらさないことがわかる。同時に居住の長期化は町内会・自治会参加促進にはっきりと説明力をもつ。ひるがえってRCA参加については、市内居住年数は重要な意味合いがあるものの、それを統制してもなお県外出身であることでRCA参加に対して統計的に有意な負のインパクトがあることがわかる[29]。RCAは一種のアソシエーションであり、町内会・自治会とは異なる組織的特性をもつ。この組織構造・原理面での違いが、県外出身者の参加程度の差となってあらわれているものであろう[30]。

3.　結びと今後の課題

ここまで社会生活基本調査の1次～3次活動に依拠しつつ、県外出身者と移住先の地域住民との間にある食文化、買い物などの消費のあり方、パーソナル・ネットワークの状況、社会集団への参加の度合いなどの違いについてみてきた。その結果、県外出身者と県内出身者

の間で差が見られない、もしくは年数の経過で見られなくなる場面があることが明らかになった。同時に基本属性（市内居住年数をここでは含む）を統制したとしても出身・移住カテゴリー間に違いがみられる場面があることも示された。

　1次、2次活動に属するライフスタイルについて、県内外出身者の甲府を中心とした買い物志向の差ははっきりしているものの、県外などやや遠方での買い物の頻度については居住年数が長期化するにつれ県外出身者が地域的ライフスタイルを受容していく方向性がうかがわれた。郷土食消費については県外出身者と県外居住経験のない県内出身者との違いははっきりしている。しかし県外居住経験者間では差が明確でないことが示唆された。3次活動に目を転じると、近隣関係や町内会・自治会については県外出身者にも受容されることが明らかである。

　反対に近隣空間を超えた「やや遠方」の友人や親族関係には、相対的に固定的な関係パターンが居住期間を統制してもみられることがわかった。近隣以外では従前の人間関係の影響が強いということだろう。またRCAなど伝統に根差した地域的な活動ではあるが近隣関係に必ずしも準拠しておらず結社的性格の強い活動への参加水準について、居住期間を統制しても、県外出身者と県内出身者の違いははっきりと残る。ここから、移住者の近隣関係が形成されたからといって、それだけで移住者が地域的ライフスタイルを十分受容したといいづらいこともわかる。例えば友人関係からみる限り、移住者の徒歩圏以遠の友人関係が疎らなことは明らかであるからだ。友人関係のありかたは社会関係資本の様態と関わる。市内・県内など、やや遠方の社会関係資本が少ないことは、居住地域で活用可能な資源の少なさにつながる。県外出身者は県外の友人関係が豊かな傾向はある。しかしそこへのアクセスが容易でないことから、県外居住の友人関係を市内・県内の友人関係と同じように扱うことは難しいだろう。これらの特性が移住者の社会活動参加に与える影響について、今後研究を深めていきたい。

　先にも触れたが、このように移住者が移住先のライフスタイルを受容するさまをとらえるには、本稿での検討のかぎり、移住者の近隣関係への着目だけでは十分とは言えない。少なくとも消費パターンや中〜遠距離のパーソナル・ネットワーク、社会集団への参加など、多面的考慮の必要性があるといえるのではなかろうか。またRCA参加が進みにくいことから、居住の年数だけではなく、県内出身者のライフスタイルを裏打ちする組織構造面（RCAであれば、その結社的性格）にも目配りする必要があることが明らかである。

　そして、ここまでの検討から、居住年数経過が移住者のライフスタイル変容にもたらす影響はしばしば緩慢であることも見えてくる。指標の具体例として、県外出身者のみについて、市内友人関係を被説明変数とし、市内居住年数を説明変数とした単回帰分析を行なうと、市内居住年数の係数は.013にとどまる[31]。地域的ライフスタイルの受容は概して居住年数の長期化と関係がある。しかし居住年数以外の条件を統制しない場合など、その道のりはときに遼遠なものといわざるをえない。このことから、仮に政策的に移住促進を考えるときであっても、移住者のサポートにあたってきわめて息の長い取り組みの必要性が示唆される。またサポートの方向性も、移住先のライフスタイルを単に受容するだけではなく、移住者がそれぞれに持つライフスタイルを尊重するものがありうるといえよう。

以上のことは県外出身者と県内出身者をとりまく社会的背景に違いがあり、居住期間が延びたとしてもその違いが簡単に解消しない側面があることを示している。筆者は県内出身者と県外出身者の同化を強いることを志向しない。本稿の問題意識は移住者が移住先のライフスタイルを時間とともにどのように受容していくかというところにあった。これらライフスタイルの違いについて、大都市部への移住者であれば都市的多様性の中で違いがマスキングされ、前景化しづらいということもみられよう。ただ非大都市部にあっては、県外出身者の有するライフスタイルの違いが比較的意識されやすいであろう。これが移住者と非移住者との相互作用にいかなる影響をもたらすのか、今後のさらなる検討課題とみられる。

　また、前述のとおり、情報化が進み非対面的な相互作用が盛んになっている現代であっても、非大都市部に移住した県外出身者は、県外の友人や親族とのネットワークを保持しながら、同時に空間的に近接した友人関係を形成し、自治会など地域集団にも非移住層と類似の水準で参加している特性を読み取ることができた。この特性が地域社会にもたらすインパクトについて、今後質的側面からも詳細な研究を行なっていくことが課題になりうる。

　県内出身だが県外居住経験を有する層（B層）についても興味深い知見が得られた。目を引くのは、友人関係の側面である。B層は市内・県内の友人関係については県内出身で県外居住経験を持たない層と類似し、県外の友人数については県外出身者に準ずるパターンを有する。この点でB層はA・C層の「中間種」的な特性を帯びているといえよう。またこのことからB層は地域内と地域外ネットワークがともに豊かで、地域内外の結節点的な潜在的特性を帯びているといえる。そして甲府での消費行動、またRCA参加水準などのライフスタイルの面で、B層は県内出身で県外居住歴を有しない層と類似している。パーソナル・ネットワークの特性として、A・C層両方の特性を併せ持ち、2次、3次活動の面でA層と共通する特性をもつB層は地域と地域外とを結びつける位置価を潜在的にもちうるといえるのではなかろうか。以上をふまえ中間種たるB層とA、C各層の相互作用にいかなる特徴があるか、今後も調査を継続して見定めていきたい。

　そのほか、本稿の主たる問いからはやや外れるため、分析の中心に据えられなかったポイントとして、市内居住年数以外の諸属性がライフスタイルとどのような関係にあるのかという課題がなお残っている。下記、表2を参照すると、特に徒歩圏外より遠い友人関係には現在働いているかどうかが関係していることがわかる。甲府や八王子・立川、23区内などやや遠方での消費には家計面からみた暮らし向きの余裕の存在が統計的に有意であることが示されている（表2、モデルB・C・D）。高等教育経験が統計的に有意に作用しているポイントとして、郷土食スコアと県外友人関係がある（表2、モデルA・H）。高等教育経験者は県外へもしくは県外からの移動経験を有する傾向があることをすでにみた（表1）。非大都市部において高等教育経験は食に関するライフスタイルとパーソナル・ネットワークの間口を拡げうる契機の可能性がある。またすでに検討してきたところであるが、市内居住年数は地域的ライフスタイルの受容に多くの面で正の影響を持つ。ただし県内・県外などやや遠方の友人数については、居住年数経過は特段の関係がないようである（表2、モデルG・H）。甲府や八王子・立川などやや遠方での消費行動には居住長期化の負の影響があらわれている（表2、モデルB・C）。ここには市内居住年数を重ねていくことの意味合いが加齢と重な

◆論　文

表2　各被説明変数についての重回帰分析（偏回帰係数）（*p<.05 **p<.01 ***p<.001）

	A	B	C	D	E	F	G	H	I	J	K
ア	.254	-.009	.030	.064	.049	.182**	.152	.080	.117	.086	-.005
イ	.290	.147*	.202**	.149*	.090	.086	.081	.071	-.016	.038	.072
ウ	.544*	-.020	-.042	.170	.039	-.044	-.097	.275**	-.014	.085	.256
エ	.332	.198	.220*	.116	.061	.303	.252	.208	.321*	-.076	.033
オ	.037***	-.010***	-.010***	-.004	.010***	.008	-.004	-.004	.032**	.011**	.011*
カ	1.082**	.432**	.018	-.214	-.098	.326**	.520***	-.282	.734***	1.244***	-.507
キ	.643	.483**	.127	-.016	-.040	.444***	.635***	-.059	.936***	1.135***	-.413*
定数	1.776**	1.521***	1.239***	1.219***	1.548***	1.306***	1.542***	1.939***	.377	.998**	2.431***
R²	.139	.062	.089	.074	.075	.167	.094	.120	.333	.174	.025

被説明変数群　A：郷土食スコア、B：買い物　甲府など国中地域、C：買い物、八王子・立川など、D：買い物 東京23区内、E：徒歩圏内友人、F：市内友人、G：県内友人、H：県外友人、I：市内親族、J：県内親族、K：県外親族、**説明変数群**　ア：性別（女性＝1）、イ：家計面からみた暮らし向き、ウ：高等教育経験（あり＝1）、エ：いま働いているかどうか（働いている＝1）、オ：市内居住年数、**カ：他県居住なし県内出身者（参照カテゴリー：県外出身）**、**キ：他県居住あり県内出身者（参照カテゴリー：県外出身）**、なおR²については自由度調整済みR²

ことをみることができよう。加齢によってあるていど遠方への移動性が減っていくとみてもよいかもしれない。これらのポイントの他、男女別・ライフステージ別、家族構成別、職業別の詳細な分析など本稿ではカバーできなかった点である。今後の課題としたい。

注
(1)　自然環境に魅力を感じて移住する人ばかりではなく、仕事関係や家族形成を契機に移住した人などさまざまなパターンがありうる。
(2)　2016年11月末時点で31,105人（都留市資料による）。
(3)　たとえば果樹栽培で知られる旧勝沼町を擁する山梨県甲州市の第一次産業従事者比率は23.2％にのぼる（山梨県県民生活部統計調査課 2016: 38）。
(4)　総務省統計局『統計でみる市町村のすがた2014』による。
(5)　2016年度5月1日時点での学部・大学院生数は3,343名（都留文科大学・平成28年度大学概要による）。
(6)　調査年度の入学者に県出身者が占める割合は13.5％（平成28年度「大学概要」による）。
(7)　とはいえ、大学卒業後も都留市にとどまる学生は必ずしも多くはない。
(8)　2016年、2014年にNPO法人ふるさと回帰支援センターの相談会に来場した人に対する調査では、山梨県は「移住希望先ランキング」で1位であった（NPO法人ふるさと回帰支援センター 2017）。2016年、2014年にNPO法人ふるさと回帰支援センターの相談会に来場した人に対する調査では、山梨県は「移住希望先ランキング」で1位であった（NPO法人ふるさと回帰支援センター 2017）。先は必ずしも都市部ではなくとも、関東圏では移住先として関心がもたれている県といえるだろう。

⑼ これは「移住者の移住後の適応」(板倉 2015: 75) という問題意識ともつながる。実際には移住者だけが変容を強いられる、また移住者だけに変容を強いるという立場には偏りがあり、移住者が住む地域社会の変容も並行して検討していく必要がある。紙幅の関係上この点は別の機会に論じることとしたい。

⑽ 調査年度の都留文科大学の女子学生比率は62.2%（平成28年度「大学概要」による）。

⑾ 高等教育を受けた経験をカウントしているため、短大・高専・大学・大学院卒・修了のほか高等教育機関在学中および中退を含む。

⑿ 同居者がいない、もしくはペットのみという回答者をピックアップした。

⒀ 家計の面からみた現在の暮らしについて、4「余裕がある」、3「やや余裕がある」、2「やや苦しい」、1「苦しい」として集計している。

⒁ 市内居住年数と年齢は相関が高い。多重共線性の問題を避けるために、本稿の分析では居住年数のみを用いることとする。

⒂ ①吉田のうどん、②ほうとう、③県産ワイン・ブドウ酒、④煮アワビ、⑤酢だこ、⑥県産果物、⑦水掛菜、⑧イルカ、⑨マグロ（甲府市のマグロ購入額2012～2014年平均値は全国で第2位に位置する（山梨県企画県民部統計調査課 2015: 36））、⑩馬肉、⑪鶏もつ煮（山梨県のいわゆる「B級グルメ」のひとつ（高橋 2012b: 33-38））の11品目である。

⒃ 郷土食スコアのクロンバックのα係数は.725であり、相応の信頼性があるといえる。

⒄ 多重比較（Games-Howell法）の結果、カテゴリーA-B間に統計的有意差はないが、A-C間、B-C間の差は統計的に有意である。

⒅ 通信販売利用については本稿の範囲から外れるため、別稿を期したい。

⒆ 「週に1回以上」を4、「月に1回以上」を3、「半年に1回以上」を2、「半年に1回未満」を1としている。

⒇ 多重比較（Games-Howell法）の結果、A-B、A-C間に統計的に有意な差が認められた。

(21) 「いない」を1、「1～3人」を2、「4～10人」および「10人以上」を3とした。

(22) 多重比較（Games-Howell法）の結果、徒歩圏内友人数については、カテゴリーA-B-C間に統計的有意差なし。市内・県内友人数については、A-C間、B-C間に統計的有意差あり。なお、A-B間には統計的有意差なし。県外友人数については、A-B間、A-C間に統計的有意差があり、B-C間には統計的有意差なし。

(23) 学生を除外したうえでのカテゴリーごとの数値は、それぞれA:2.2、B:2.2、C:2.0（cat.Cが有意に低い）。ただ基本属性を統制して重回帰分析を行なうと、A-C間、B-C間に統計的有意差はみられなくなる。

(24) 例として、松本は名古屋市熱田区および春日井市高蔵寺での調査データから、東海三県出身者以外は中距離友人数が少なく、遠距離友人数が多い傾向を指摘する（松本 1992: 178-179）。なお、この知見は下位文化理論の検証を主なねらいとする研究で見出されたものであり、本研究とは問題設定が必ずしも同じではないことには注意しておきたい。

(25) 「いない」を0、「1軒」を1、「2軒」を2、「3～4軒」を3、「それ以上」を4とした。

(26) 多重比較（Games-Howell法）によれば、すべての場合についてカテゴリーA-B間には統計的有意差はなかった。市内・県内の親族関係については、A-C間、B-C間に統計的有意差がみられた。

(27) 多重比較（Games-Howell法）では、町内会・自治会参加について統計的に有意な差が見られなかった。RCA参加についてはA-C、B-C間の差が統計的に有意なものであった。

(28) これは高橋の記述（高橋 2012a: 25）ともおおむね呼応する結果である。RCAの近年の変化については別稿を期したい。

(29) 町内会・自治会参加、RCA参加を被説明変数とし、表2で用いた説明変数を同様に用いたロ

◆ 論　文

ジスティック回帰分析。偏回帰係数は、町内会・自治会参加を被説明変数とした場合、性別（女性 =1）：-.749**、家計面からみた暮らしぶり：.160、高等教育経験：.135、いま働いているかどうか：.432、市内居住年数：.028***、他県居住経験なし県内出身者（参照カテゴリー：県外出身）：-.534、他県居住経験あり県内出身者（参照カテゴリー：県外出身）：-.236、定数：-1.164*、Nagelkerke R^2 は .131 であった。RCA 参加を被説明変数とした場合、性別（女性 =1）：.318、家計面からみた暮らしぶり：.188、高等教育経験：-.424、いま働いているかどうか：.039、市内居住年数：.021**、他県居住経験なし県内出身者（参照カテゴリー：県外出身）：1.204**、他県居住経験あり県内出身者（参照カテゴリー：県外出身）：1.252**、定数：-2.726*** であった。なお、Nagelkerke R^2 は .167 であった。（*p<.05 **p<.01 ***p<.001）

(30)　いかなる層に RCA 参加が多いのかについて、今後詳しく分析を行ないたい。

(31)　県外出身者のみについて市内友人関係を被説明変数としたとき、市内居住年数の回帰係数は .013*、定数が 1.701*** であった。（*p<.05 ***p<.001、自由度調整済み R^2=.073）

[付記]

多忙ななか、調査に協力してくださった方々にお礼を申し上げたい。本稿は 2017 年度東海社会学会大会報告を大幅に加筆修正したものである。報告や査読時にコメントをくださった方々に感謝したい。なお、この研究は都留文科大学重点領域研究費による研究成果の一部である。

文献

鯵坂学・河野健男・松宮朝, 2016,「人口減少地域における定住促進施策と I ターン者の動向」,『評論・社会科学』, 117: 1-84.

Geertz, Clifford, 1962, "The Rotating Credit Association: "A Middle Rung" in Development", *Economic Development and Cultural Change,* 10-3: 241-263.

狭間諒太郎, 2013,「地域社会における文化活動の担い手：『地域社会と文化活動についての全国調査』を用いた回帰分析」,『年報人間科学』, 34: 1-22.

―――, 2017,「地域社会における U・I ターン者の意識：全国調査を用いた計量分析」,『年報人間科学』, 38: 121-138.

板倉憲政, 2015,「我が国における地方部への移住者支援の方向性：持続可能なコミュニティ形成という観点から」,『岐阜大学教育学部研究報告　人文科学』, 64(1): 75-83.

Kasarda, John D. & Morris Janowitz, 1974, "Community Attachment in Mass Society", *American Sociological Review,* 39-3: 328-339.

吉川徹, 2003,「計量的モノグラフと数理 - 計量社会学の距離」,『社会学評論』, 53-4: 485-498.

北山幸子・橋本貴彦・上園昌武・関耕平, 2010,「島根県 3 地域（海士町・美郷町・江津市）における U・I ターン者アンケートの検討」,『山陰研究』, 3: 162-185.

小林盾, 2017,『ライフスタイルの社会学：データからみる日本社会の多様な格差』, 東京大学出版会.

松本康, 1992,「アーバニズムと社会的ネットワーク：名古屋調査による『下位文化』理論の検証」,『名古屋大学文学部研究論集　哲学』, 38: 43-78.

中塚雅也, 2008,「属性と経験による地域コミットメントの相違に関する実証分析：篠山市 K 地区を事例として」,『農林業問題研究』, 170: 135-139.

日本の食生活全集・山梨　編集委員会, 1990,『聞き書　山梨の食事』, 農山村文化協会.

NPO法人ふるさと回帰支援センター, 2017,『ニュースリリース』(2017年2月20日付), NPO法人ふるさと回帰支援センター（http://www.furusatokaiki.net/wp/wp-content/uploads/2017/02/8fe84c8ab9b3a5c38c828d108c75dc43.pdf、2017年7月2日アクセス）.
尾嶋史章, 2001,「研究の目的と調査の概要」, 尾嶋史章（編著）,『現代高校生の計量社会学』, ミネルヴァ書房, 1-17.
小田切徳美, 2016,「田園回帰の概況と論点：何を問題とするか」, 小田切徳美・筒井一伸（編著）,『田園回帰の過去・現在・未来：移住者と創る新しい農山村』, 農山村文化協会, 9-22.
杉本仁, 2007,『選挙の民俗誌』, 梟社.
髙橋一喜, 2012a,「県民性」, 萩原三雄（編著）,『山梨県謎解き散歩』, 中経出版, 22-26.
―――, 2012b,「B級グルメ」, 萩原三雄（編著）,『山梨県謎解き散歩』, 中経出版, 33-38.
―――, 2012c,「地理」, 萩原三雄（編著）,『山梨県謎解き散歩』, 中経出版, 56-59.
山梨県企画県民部統計調査課, 2015,『平成26年 家計調査 結果報告書：山梨県の家計』, 山梨県企画県民部統計調査課. (https://www.pref.yamanashi.jp/toukei_2/HP/DATA/26kakei.pdf、2017年8月22日アクセス)
―――, 2016,『山梨県統計年鑑』, 山梨県県民生活部統計調査課. (https://www.pref.yamanashi.jp/toukei_2/book/DATA/28nenkan.pdf、2017年9月6日アクセス)
山本努, 2013,『人口還流と過疎農山村の社会学』, 学文社.

会社共同体にみる「コミュニティ」の諸相
―― 第一生命大井本社（神奈川県大井町）の社宅を事例として ――

渡邊　隼

1. 問題の所在

　本稿の目的は、かつて「コミュニティ」を理念として掲げて神奈川県大井町に本社を移転した第一生命保険相互会社（当時）の社宅（神奈川県大井町）に居住していた社員とその家族が、会社共同体[1]と地域社会というふたつの「コミュニティ」のなかで、いかに生活していたのかを明らかにすることである。1963年、第一生命は神奈川県大井町への本社移転を発表した。事業の拡大によって東京・日比谷本社が手狭になったことに加えて、急激な都市化にともなう都心部の過密や通勤ラッシュなどの問題を背景として、日比谷本社の多くの機能を神奈川県大井町へ移転して、日比谷・大井の二社本社体制が敷かれることになった。1967年に大井本社（大井第一生命館）が竣工し、翌1968年から営業を開始した。当時は東京都内でもめずらしかった高層ビル（地上高75m・地上18階・地下2階）が大井町の農村部に出現したのである。移転当時、急速な都市化にともなう社会問題を抱えていた東京都心部と対比されるかたちで大井本社の理想的な「コミュニティ」の構想が報道されて、大きな評判を呼んだ。当時の新聞紙面には、「理想的な都市づくり　企業―町民―学者が一体　恵まれた自然美生かして」[2]、「田園オフィスまた楽し　東京脱出の第一生命」、「窓の外に広々とした田園がひらける新社屋のオフィス」[3]、「田んぼに生れた現代」[4]といったことばが踊っている。しかしながら、2008年に第一生命は大井本社の閉鎖を発表し、2011年の12月末までに一部の事業を町内に新設した事業所に残して大井町から事実上撤退した。こうして大井本社は半世紀ほどの歴史に幕を閉じたのである。

　第一生命大井本社は、戦後の日本で「コミュニティ」という理念を掲げて本社を農村部に移転した実験的な試みであった。さらに大井本社は、近隣の社宅に社員とその家族を居住させることによって「職住近接」を実現したことでも知られる。本稿が着目するのは、大井町につくられた第一生命大井本社と社宅での社員とその家族の生活である。具体的には、関連する史資料の調査、ならびに当時じっさいに大井町の社宅で生活した社員とその家族にたいするインタビュー調査を実施することによって、社宅の生活の実際を明らかにする。それによって、理念として掲げられた会社共同体と地域社会の「コミュニティ」の内実がいかなるものであったのかを解き明かすことが本稿のねらいである。

2. 先行研究の検討と本稿の分析視角

　労働者が居住する社宅の問題は、日本資本主義の勃興期に顕在化した。労働者の居住施設を改善する嚆矢となったのが、明治後期から昭和初期にかけて、労働者と使用者のあいだに立って中間的な指導者として精力的に労働者居住施設の改善を訴えた宇野利右衛門の活動である。宇野は労働者が住む社宅の改善を使用者にうながすために、全国各地の労働現場や居住施設をたずね歩いて聴き取り調査を行い、『職工問題資料』(1910年-1934年) として出版し、当時の労務管理に大きな影響を与えた。近年の都市計画史の領域では、労働者が居住した社宅、ならびに社宅が形成した「社宅街」を対象とした研究が相次いで発表されている。そのなかで代表的なものである社宅研究会編 (2009) では、宇野の『職工問題資料』に着目し、その知見をふまえて明治後期から昭和初期にかけての国内各地の鉱業系企業の社宅と社宅街について検討がなされている。もっとも、都市計画史の社宅にかんする研究の焦点は、主として社宅の配置や間取りといったハード面に向けられていることから、そこに住む労働者たちの共同性の実像はみえにくいものとなっている。

　他方で、社宅は日本企業の福利厚生の問題としてとらえられてきた (有泉編 1956; 松島 1962; Sato 2007; 佐藤 2009; 平山 2009)。これは国家の住宅政策に代わって、会社共同体がその成員に住宅を提供してきたことを意味している。かつて松島静雄が日本企業の労務管理にみられる特徴のひとつとして述べたように、住宅をはじめとする福利厚生施設の整備は「本来であれば、当然国家の手により行なわれるべき性質のものであるにもかかわらず、それが大幅に企業に代換されている」状況にあったのである (松島 1962: 402)。日本企業が社員とその家族にたいして行う社宅、家賃補助、住宅ローンといった各種の制度的な支援は、こんにちもなお日本の住宅制度の大きな部分を占めている。平山洋介が指摘するように、企業が福利厚生の一環として住宅制度に関与するのは、(1) 労働力の確保、(2) 企業という「コミュニティ」にたいする社員の帰属意識と忠誠心の増進、(3) 土地取得をともなう社宅建設による不動産資産と資本調達力の向上に寄与するという点で合理的な選択だからである (平山 2009: 51-2)。不況による業績悪化と人口減少を主な要因として、今後は企業の福利厚生の削減が見込まれるなかで、社会保障の観点から社宅にかんする検討が重要であることは論を待たない。しかしながら、制度的な側面を中心とする議論は、概して居住する人びとの生活の実態や共同性を看過する傾向にある。

　上でみた都市計画史、企業内福利厚生にかんする研究では見過ごされがちであった社宅に居住する労働者の実状は、製鉄所や炭鉱の労働者が居住し、働いた地域を対象とする戦後の地域社会学の研究に少なからず見受けられる。その代表的なものとして、新明正道が主導した研究グループのいわゆる「釜石調査」、それを引き継いだ田野崎昭夫の調査研究、鎌田哲宏と鎌田とし子による日鋼室蘭争議 (1954年) を検討した調査研究をあげることができる (新明ほか [1959] 1985; 田野崎編 1985, 2007; 鎌田・鎌田 1993)。これらの研究は、いずれも戦後日本の産業都市の社会構造と労働者の実態を詳細に論じている。そのなかでも鎌田らの研究は、社宅に住まう人びとの共同性に着目した点で特筆すべきものである。鎌田らは「社宅共同体」という概念を用いて、「炭坑住宅にならった長屋形式の社宅」でのいとなみが労

働者の共同性を醸成するとともに団結をうながしたこと、さらに労働争議のなかで「社宅共同体」が総評の「家族ぐるみ」「地域ぐるみ」闘争の拠点となったことをインタビュー調査を通じて明らかにしている（鎌田・鎌田 1993: 17-76）。もっとも、鎌田らの研究では「会社」と「社宅共同体」の対立が前提とされていることに注意を払う必要がある。鎌田らが着目したのは、労働争議という紛争下の状態におかれた「社宅共同体」の共同性であった。こうした「例外状態」に着目する分析視角からは、労使間の対立が実質的に存在せず、紛争下にない「会社」と「社宅共同体」にみられる共同性が見過ごされる可能性がある。いいかえれば、労使間の紛争状態を前提とした図式は、戦後の日本企業で多数をしめた「労使関係の円滑なコミュニケーション」と「生活保障」（稲上 1981: 356）のもとで労働し、生活をいとなんだホワイトカラー労働者の生活の実状や社宅の共同性をとらえるのに適していない。本稿がとりあげる「会社」と「社宅共同体」は、鎌田らが研究の対象とした日鋼室蘭争議の事例とは異なり、対立関係になかった。むしろ大井本社の「会社」と「社宅共同体」は、相互に包摂する関係のもとで、いわば「常態」として存在していたのである。本稿が「会社共同体」という概念にもとづいて分析を進めるのは、以上の理由によるものである。

　本稿が対象とする第一生命の大井町移転については、社会学、都市計画をはじめとする多くの領域の研究者がたずさわって調査研究を行い、報告書として公刊されていた。大井本社の移転計画が発表された1963年と時を同じくして、第一生命は近代的な「コミュニティ」の調査研究を目的として掲げた地域社会研究所を設立した。地域社会研究所では、第一生命会長（当時）で理事長の矢野一郎のもと、福武直、奥井復太郎、磯村英一などの社会学者、高山英華、日笠端などの都市計画家をはじめとする大学の研究者、官僚、自治体職員、財界人、一般市民が、戦後日本における「コミュニティ」のありかたについて、調査研究や議論を行っていた。さらに研究所では、当時の日本社会では知られていなかった「コミュニティ」という考えかたを日本国民に啓発・教育することを目的として『コミュニティ』誌を刊行した（地域社会研究所 1964）。本稿が対象とする大井本社移転の前後には、福武直を中心とする社会学者の研究グループ、高山英華と日笠端を中心とする都市計画家の研究グループにたいして、大井町と大井本社にかんする大規模な調査研究が委託されていた。それらの調査研究の多くは、報告書として刊行されている（青井編 1967; 福武編 1967; 高山編 1968, 日笠編 1969; 松原・小野編 1971; 福武編 1977; 福武・蓮見編 1979）。

　これらの大井町と大井本社にかんする調査研究のなかで、本稿が取り組む課題にとってとりわけ重要なのは、大井本社移転後の大井町の調査を実施して、地域社会の変容を仔細に検討した福武・蓮見編（1979）である。福武・蓮見編（1979）では、「進出してきた企業の会長がいだいていた地域社会についての理念にもとづく理想主義的な田園都市構想がいかなる形で実現されてゆくかをとらえること」（福武・蓮見編 1979: 5）を目的として、大井町の産業構造、行財政、社会構造、生活構造、政治構造、住民意識などの変容が検証されている。もっとも、大部の調査報告書のなかで第一生命大井本社の社宅に割かれている紙幅は少なく、わずかに最大規模の社宅「湘光園」について若干の調査報告と考察がなされているのみである（福武・蓮見編 1979: 390-7）。ここでは、入居が開始された1968年から1975年までの湘光園の世帯数、人口、所得、家計支出などの社員・社員家族にかんする基礎集計のほ

か、湘光園の自治会活動、会社、大井町住民との関係などについて、調査結果と解釈が提示されている。しかしながら、基礎的なデータの提示が充実している反面、社宅（湘光園）に居住していた社員とその家族の生活の様子はみえにくいものとなっている。それゆえ、調査結果にもとづく批判的な解釈には、しばしば一面的かつ皮相な見解が見受けられる。たとえば、湘光園と会社（第一生命）との関係、湘光園と地元（大井町）との関係として、社員とその家族は、①給与以外にもさまざまな給付、生活全般のサービスが与えられていること、②労働以外のほとんどあらゆる面で会社に包摂されて一体であることが指摘されている（福武・蓮見編 1979: 396）。こうした湘光園の住民の生活は、「会社の施しに無限定に『甘えよう』という傾向があり、会社にもそれに応ずる姿勢がみられる」ものであるとともに、「主婦までも会社と一体的な、身内的な意識をもっていること」として「身内意識」や「会社との生活にもわたる一体性」が批判されている。しかしながら、前出の先行研究が示すように、企業規模や会社の方針によって程度の差はあるにせよ、企業の福利厚生、住居にかんする各種の補助は第一生命にかぎらず、戦後日本の大企業、中小企業に広くみられたものである。さらに「会社への甘え」や「身内意識」の批判にいたっては確たる根拠があってなされているわけではなく、「批判のための批判」に終始しているようにさえみえる。こうした湘光園への一面的な批判は、福武・蓮見編（1979）の調査があくまで大井町側を中心とした調査であったという事情に由来する。それは大井本社の社宅で生活していた社員とその家族にたいするインタビュー調査を実施した形跡が認められないことにも端的に表れている。これらの背景を考慮するに、福武・蓮見編（1979）は大井町の調査報告として浩瀚な著述である一方で、大井本社の社宅にかんする見解の妥当性を判断する材料には乏しい。

　以上をふまえて、本稿では、じっさいに大井本社の社宅に居住していた経験をもつ当時の社員とその家族にたいしてインタビュー調査を実施し、その勤務と生活の様子の詳細な描写を試みる。具体的には、まず「大井本社の会社共同体における生活の実際はどのようなものであったのか」をつまびらかにしたうえで、「会社共同体と大井町の地域社会との関係はいかなるものであったのか」を検証する。さらにこれらの問いによって明らかになった知見をふまえて、「会社共同体と地域社会の結びつきが強くなかったとすれば、それはなぜなのか」を考察する。以上の問いの検討を通じて、会社共同体の内実のみならず、会社共同体と地域社会という、ふたつの「コミュニティ」の現実と限界が明らかになることが見込まれる。

3. 調査の概要

3.1 社宅の種類と立地

　大井本社の社宅は、①湘光園、②相互台寮、③相互台社宅から成っている。それぞれの様子は【写真1】、【写真2】、立地については【写真3】の通りである。大井町中心部の丘陵地帯（相互台）に屹立する第一生命大井本社から緩やかな坂を少し下ったところに、独身の男性社員が住む相互台寮、ならびに幹部社員とその家族が居住する庭付き一戸建ての相互台社宅が並んでいる。さらに丘陵を南方に下りきった平坦地に、社員とその家族向けの最大規模の社宅である湘光園が立ち並んでいる。大井本社から約5km、車で15分程度の場所に立地

【写真1】① 湘光園
［出典］福武・蓮見編（1979）

【写真2】②相互台寮（奥）　③相互台社宅（手前）
［出典］福武・蓮見編（1979）

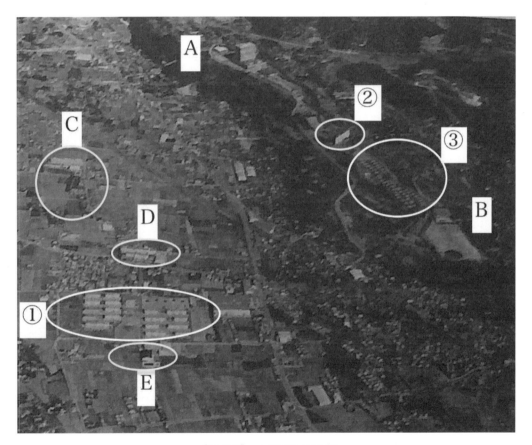

【写真3】　大井町の中心部
①：湘光園　②：相互台寮　③：相互台社宅
A：第一生命大井本社　　B：相互台グラウンド　C：大井小学校　　大井幼稚園　　大井第二幼稚園
D：湘光中学校　E：上大井小学校
［出典］蓮見（1979: 1）に掲載の航空写真（東海航空株式会社撮影）に筆者が英数記号を加えて作成。

◆論　文

表1　インタビュー調査協力者一覧

	入社年	大井本社の勤務・居住期間	社宅	世帯構成
Am	1972年	1975年4月－1978年3月	①	夫・妻・子（就学前）
Af	――	1975年4月－1978年3月	①	夫・妻・子（就学前）
Bm	1972年	1975年4月－1983年3月	①	夫・妻・子（就学前・小）・子（就学前）
Bf	――	1975年4月－1983年3月	①	夫・妻・子（就学・小）・子（就学前）
Cm	1967年	(1) 1970年4月－1972年3月 (2) 1978年4月－1985年3月	(1) ① (2) ①	(1) 夫・妻・子（就学前）・子（就学前） (2) 夫・妻・子（小・中）・子（小・中）
Cf	――	(1) 1970年4月－1972年3月 (2) 1978年4月－1985年3月	(1) ① (2) ①	(1) 夫・妻・子（就学前）・子（就学前） (2) 夫・妻・子（小・中）・子（小・中）
D	1976年	(1) 1982年4月－1985年3月 (2) 1994年4月－2000年9月	(1) ② (2) ③	(2) 夫・妻・子（小・中）・子（小）
E	1960年	(1) 1968年4月－1972年3月 (2) 1979年4月－1986年3月	(1) ② (2) ①	(2) 夫・妻・子（小・中）・子（小・中）
F	1976年	(1) 1979年4月－1981年5月 (2) 1981年6月－1982年3月	(1) ② (2) ①	(2) 夫・妻・子（就学前）
G	1975年	(1) 1977年9月－1980年9月 (2) 1980年10月－1981年3月	(1) ② (2) ①	(2) 夫・妻・子（就学前）

している湘光園には、4haほどの敷地に、3階建てのアパート15棟（全204戸）が立ち並んでいる。それぞれの社宅の規模として、まず①湘光園には、年に150前後の世帯、合計500名以上の社員とその家族が生活していた。家族の数に応じて間取りが広い棟が割り当てられる配慮があったほか、社宅内にスーパーマーケット（湘光ストア）、家庭菜園用の畑、公園、ファミリークラブ（社員家族が交流するための施設）などが整備されていた。大井本社のもっとも近くに立地していた独身の男性社員向けの②相互台寮は、8階建ての建物が4棟あり、毎年200名ほどの男性社員が住んでいた。寮には各社員の個室（ベッド、机、洗面所、クローゼット）、食堂（朝食・夕食付）、大浴場、洗濯室、会議室、トレーニングルーム、麻雀ルームなどの共用施設が整っていた。第一生命を退職したOBが寮長として常駐し、寮の管理を行っていたという。寮から徒歩数分ほどの屋外には、体育館、グラウンド、プール、テニスコート、ゴルフ練習場などのスポーツ施設が完備されていた。さらに相互台寮から数分ほど歩いたところに、③相互台社宅が立地している。役員や上級管理職向けの相互台社宅の敷地内には、30戸ほどの庭付き一戸建ての社宅が立ち並んでいた[5]。

3.2 インタビュー調査協力者と調査事項の概要

本稿では、大井本社の社宅に居住経験のある10名にインタビュー調査を実施した[6]。調査協力者の詳細は表1の通りである。調査協力者は、男性7名、女性3名であり、男性はいずれも第一生命大井本社に勤務していた総合職の正社員、女性はいずれも男性社員の妻で専業主婦である。Am氏とAf氏、Bm氏とBf氏、Cm氏とCf氏が夫妻である。これらの調査協力者にたいして、主に以下の事項について聴き取りを行った。ただし、調査協力者が大井本社で勤務・居住した期間や職務内容などによって、質問項目を適宜追加している。

(1) 勤務・生活の事実確認（勤務・居住期間、職務内容）
(2) 当時の生活スタイル、生活時間（出社、退社、食事、休憩、休日の過ごし方など）
(3) 大井町の生活で快適だったこと・便利だったこと

(4) 大井町の生活で困っていたこと・不便だったこと
(5) 大井町に居住当時の職住近接についての考え
(6) 社宅の自治会・管理組合の活動について

4. 社宅生活の実際

4.1 大井本社と社宅の生活様式

　社宅での社員とその家族の生活は、いかなるものであったのか。ここではインタビュー調査にもとづいて、社宅での生活様式について、社員とその家族の平均的な一日の様子を描写していきたい。

　まず、平日の職務時間（定時）は、9時に始業し、16時10分に終業というものであった[7]。大井本社にもっとも近い相互台寮の場合は、寮の食堂で7時から7時30分のあいだに朝食をとり、10分ほどの道のりを徒歩で通勤する社員が多かったという（F氏）。そのほか、自家用車をもつ友人に同乗して出勤していた社員も存在した（G氏）。午前中の仕事が終わると、12時〜12時50分に昼休みがあった。基本的に多くの社員は大井本社の社員食堂で食事をとるか弁当を持参することが多かったが、近隣の食堂や寿司店などに（1970年代当時は通勤用に許可されていた）車で行って食事をとることもあったという（F氏）。

　午後の業務ののち、退社時間は部署や時期によって異なるものの、調査協力者の話を総合すると、繁忙期に残業していた一部の課を例外として、16時10分に定時退社する社員が多かった。まれに残業があったとしても、おおむね18時〜19時には退社していたという。「（一般職の）女性社員は定時での退社がほとんどだった。（総合職の）男性社員も、18時前にあがっていた。18時以降の残業はうるさかった。（残業は）しなくて当たり前」（F氏）というのが、当時の大井本社の一般的な勤務形態であったといえる。他方で、1970年代後半から大井本社内でオフィス・オートメーション（OA）化、マイクロエレクトロニクス（ME）化の進展にともなう業務効率化の取り組みが始まったさいには、業務量の急増によって残業が増加した時期もあった（G氏）。しかしながら、G氏が勤務していた時点では、大井本社での残業は恒常的なものではなかったという[8]。

　退社後は、大井本社に隣接する体育館、相互台グラウンド、プール、テニスコートといった諸施設でのクラブ活動に取り組んだり、近隣の駅周辺の店で飲食する社員が多かったという。特筆すべきなのは、各種のスポーツ、文化にかんするクラブ活動が活発であったことである。「クラブ活動がいろいろあったんですよ。活動がさかんで」と語るAm氏は、スキー部、コーラス部で活動していたという。

　他方で、休日の過ごし方としては、家庭菜園（Am氏、Af氏）、社宅とその近隣で買物や食事をする（Bm氏、Bf氏）などのほかに、趣味のサークル、クラブ活動、スポーツ大会、水泳大会などのイベントが、ときに大井町の住民を招いて行われていた。さらにレジャーとしては、家族や同僚、あるいは部・課の単位で、箱根、熱海、伊東、山梨県内など、大井町から比較的近い観光地・リゾート地へ出かけて、旅行、海水浴、スキー、ゴルフを楽しんでいた（F氏）。また家具、家電などの大きな買い物をするときには小田原市内や東京都内に

◆論　文

出かけることもあったという（Bm 氏）。

4.2 社宅生活の満足と不満

　本節では、社宅生活でみられた「満足」と「不満」について検討を進める。福武・蓮見編（1979）では、調査時点（1975年）の湘光園での生活の環境的条件として、以下のようにまとめられている。すなわち、①入居開始（1968年）当初は、買物、医療、理容などの生活サービス、レジャー、交通などの面での不便が多く、不満が強かったが、②現在（1975年）は多少改善されてきている。しかしながら、③この環境的条件の改善は、主に会社の力とモータリゼーションの進展によるものであって、大井町の役場や地元社会によるものは少ない。それゆえ、④会社やモータリゼーションの力で改善できない環境的条件の未整備とそれらにたいする不満は解消されていない（福武・蓮見編 1979: 392）。これらをふまえて、湘光園にくらす社員や社員家族が「会社の力によってみずからの生活空間のみを都会化し、利便をはかり、あるいはまた都会的利便を求めて小田原・東京へと車で脱出するなどという方策」をとるかぎりにおいて、「大井町は農村的不便利のうちに停滞し続けざるをえない」との批判的な見解が提示されている（福武・蓮見編 1979: 393）。福武・蓮見編（1979）は居住していた社員や社員家族の「不満」を大きくとりあげる一方で、社宅での生活の満足度、便利だったこと、快適だったことにかんする言及がみられず、いささか一面的なきらいのある評価といわざるをえない。以上をふまえて本節では、会社共同体の生活の「不満」「不便」「不快」のみならず、「満足」「便利」「快」の実際がいかなるものであったのかを明らかにする。

　まず、大井本社と社宅での生活で満足していたこと、便利だったこと、快適だったこととして、総じて調査協力者があげていたのが、「通勤が快適」「ゆとりがある」「環境がよい」という点であった。代表的なものとして、「職場は建物・設備、周辺環境など、都会では味わえない『ゆとり』と魅力が備わっていました。仕事も事務でしたので、時間的にも精神的にも『ゆとり』があったように思います。通勤ラッシュもない。（…）いま振り返ってみると、本当に快適な職場でした」（G 氏）といった証言があげられる。「神戸市灘区で生まれ、西宮市で育ち、どちらかといえば街の子」であるという G 氏は、大井本社勤務ののちに、東京都心部に所在する新宿支社、銀座支社に勤務経験があり、この時期に東京都内のふたつの社宅（世田谷区、調布市）に居住経験をもっている。それらの社宅との比較を通じて、G 氏は「大井町の生活に軍配を上げたい」「転勤がなければ定年まで大井本社で勤務してもいいなと思っていた」とも述べていた。同様に、ほかの地方都市の支社に勤務したさいに住んだ社宅と比較して、大井本社の社宅を「静かで天候もよく、空気も富士山もきれいで、社宅としては一番環境がよかった」（Am 氏）、「業務量がある程度安定していて、人員も過不足なく配置されていたので、落ち着いて業務に取り組めました。職場と社宅が近く、通勤時間が20分程度で便利」（Bm 氏）、「通勤が徒歩10分で楽。窓からの景色は最高。全体にのんびりしていた」（F 氏）といったように、大井本社、大井町の環境を肯定的にとらえる声がきわめて多かった。また職住近接の生活についても、「総じて職住近接は健康面でよかったし、（通勤時間が短いことから）家族との接触は多かった」（E 氏）、「徒歩で会社まで行けるのは最高だった」「職住接近を楽しんでいる方が多かった」（F 氏）との声が多く聞かれた。勤務以外の余暇に

ついても、「箱根、富士周遊、遠くは会社の厚生施設のある長野、山形蔵王、伊豆、伊東までドライブした」(E氏)、「山も海も近く、ドライブの拠点としては恵まれていた。休日は男女のグループで、よく出かけた」(F氏)、「真夏は富士山のふもとでキャンプをしたり、真冬はスキーに行ったり、大井本社は遊びには大変便利な立地でした」(G氏)という。職住近接の生活は、余暇活動にも総じてよい影響を与えていたといえる。

　他方で、社員家族である専業主婦の調査協力者から多くあげられた声が、育児をするのに最適の環境だったというものである。代表的なものとして「(湘光園は)もう楽園のようでしたよ。(夫妻には当時就学前の)ちっちゃい子がいたわけですが、あそこの中で生活が完結しますから。スーパー(湘光ストア)がありますし、子供たちが遊ぶ芝生は広くて、棟と棟のあいだは広くて、子供たちも全然あぶないことないですし。もう本当に、信じられないくらいよかったです」(Cf氏)といった証言をあげることができる。その一方で「うちは(就学前の子供で)小さかったから問題ではなかったけれど(高校生くらいの)大きなお子さんがいる家庭だと教育や進学の問題で大変だったかもしれない」(Af氏)という声も聞かれた。

　また大井本社の職場での上下関係が社宅での生活に持ち込まれることは、ほとんどなかったという。具体的には、「(相互台)寮で先輩・後輩の関係で困ることもなかったし、社宅(湘光園)で上司部下の関係で困ることもなかった」(F氏)といった証言が聞かれた。その背景には、「(湘光園では)比較的若い世帯を同じ棟にするなどの工夫」(G氏)がなされるなど、社宅にたいする会社側の配慮をあげることができる。とくに湘光園については、毎年約150世帯、500名超の社員と社員家族が住んでいたことから、地方支社の数世帯ほどの社宅と比べて、職場の人間関係がそのまま社宅の人間関係となることが少なかったといえる。これはたとえば、「(ほかの支社の社宅と比べて)湘光園は(規模が)大きかったので、好きな人とだけつきあえばよかった」(Af氏)といった証言にも顕著に表れている。そのほかにも社宅の人間関係と居住環境については、「人間関係のトラブルなどは社宅がどこにあっても起こりうる問題ですが、住環境の良さは、人間関係の良さにもつながるのかもしれません」(G氏)といった肯定的な声が聞かれた。これらの証言は、大井本社の社宅では職場の共同性と社宅の共同性が必ずしも重なり合うものではなかったことを端的に示している。

　一方、大井本社での勤務、社宅での生活の「不満」「不便」「不快」としては、どのようなものがあったのか。まず、職場の「不便」としてあげられていたのが、業務上の理由で東京・日比谷本社へ行く必要がある場合に、大井本社と往復する時間が少なからずとられたというものであった。東名高速道路を経由して大井本社と日比谷本社を結ぶ社用車(マイクロバス)も毎日運行していたものの、運行時間は限られていたこともあって、利便性は高くないという意見が聞かれた。そのほかには、「小田原駅から東海道新幹線で往復」(D氏)、「小田急線新松田駅から(当時は新松田駅に停車する便があった)小田急ロマンスカーに乗るか、国鉄(当時)の国府津駅までバスか車で行き、東海道線を利用」(F氏)するという手段があげられた。

　さらに勤務以外の社宅での日常生活、余暇についての「不満」としては、どのようなものがあったのだろうか。もっとも多く聞かれたのが、「交通の便」についての不満である。具体的には、「交通機関がバスしかなく、本数も限られていたので、タクシーを利用すること

◆論 文

が日常的にありました」(Bm氏)、「飲み会等の場合は、交通手段が不便だった。(…) 車がないと自由な活動はできなかった」(F氏)といったものである。また交通の不便に次いで、商業面、とりわけ買物の不便についても、指摘する声がみられた。とくに家具・家電などの大きな買い物をするときは、電車ないし自家用車によって、小田原、新宿などへ出かけることが多かったという。さらに医療機関についての不満も少なからず聞かれた。大井本社には診療所（内科・歯科・薬局）が設置されていたものの、子供が病気になったときなどには、新松田、小田原の大きな病院に行かなければならなかったことが「不便」であったという（Bm氏）。そのほかの不満としては、「会社から家に帰るまでの気分転換が全然できない」(Cm氏)、「どこに行っても会社の人間に会った」(F氏)といった「第三空間」（磯村1959）の欠如という問題や「大井本社勤務以外の友人、学校時代の友人、実家の行き来に、ある程度不便は感じた」「カルチャーセンター等の趣味、教養講座の週単位の受講の機会がない点は刺激に乏しかった」(E氏)といった「不満」「不便」が聞かれた。

4.3 社宅自治会の概要

本節では社宅の共同性の基盤である自治会について述べていく。これまでみてきた大井本社の社宅には、それぞれ自治会が組織されていた。しかしながら、本稿の調査から判明したのは、総じて自治会の存在感が希薄であったという事実である。調査協力者からの回答は「関わりが薄かった」「あまり記憶にない」といった趣旨のものが多数であった。たしかに、自治会に積極的にかかわった調査協力者も存在する。たとえば、相互台寮で自治会長をつとめたG氏の主な仕事は、年に1回、自治会総会を開催することであった。総会の終了後には寮生の多くが一堂に会して夕食をともにし、相互のコミュニケーションを図っていたという。また独身寮については、「自治会は年配の方から順番で担当していたと思う」「食事の内容とか寮の環境とか、意見をとりまとめていた」(F氏)といった証言も聞かれた。

他方で、湘光園の自治会については、調査協力者の多くから「ほとんど記憶にない」という声が聞かれた。湘光園の自治会について具体的に聞かれたのは、「（湘光園の敷地内にあった）家庭菜園の場所の振り分けをしていた」(Am氏)、「棟の当番制で回覧があった」(E氏)、「1ヶ月に1回くらい清掃の日があった」(F氏)、「妻によると、ごみ集積ステーションが社宅敷地内に2か所くらいあった」「社宅内のトラブル、社宅敷地内の設備のトラブルは、大井本社の総務課に連絡して対応してもらっていた」(G氏)などの証言にとどまる。さらに相互台社宅の自治会については「社宅の自治会でお金を出し合って芝刈り機を買い、自治会の倉庫に保管して（必要なときに）借りてきて自分たちで（社宅の庭の）芝刈りをしました」(D氏)という声が聞かれる程度であった。社宅別にみると、相互台寮の自治会は比較的活発であったのにたいして、湘光園、相互台社宅の自治会は存在感が薄かったといえる。ただし湘光園については、例外的に婦人の文化活動・クラブ活動と子ども会の活動がさかんに行われていたという証言が聞かれた（Af氏、Bf氏、Cf氏）。ここに社宅の種別ごとに異なる共同性のありようをみてとることができる。

福武・蓮見編（1979）では、湘光園の自治会についてのみ、自治会の組織図、活動内容、予算などが検討されている（福武・蓮見編1979: 393-5）。そこでは「年に1度の総会の出席

率も30％前後を低迷して」おり、「自治会活動全体はむしろ低調」と指摘されている（福武・蓮見編 1979: 395）。本稿の調査で明らかになった自治会の存在感の希薄さを示す証言は、福武・蓮見編（1979）の見解を支持するものといってよい。しかしながら、この見解に続いて、自治会活動の低調が「そのまま園内における集団的活動および社会的交流の実情」であって、「世帯主の園における近隣的交流はあまりみられない」（福武・蓮見編 1979: 395）と結論づけるのは短絡に過ぎる。なぜなら、これまで本章でみてきたように、会社共同体の「集団的活動」「社会的交流」「近隣的交流」は活発に行われていたからである。

5. ふたつの「コミュニティ」——会社共同体と地域社会

　前章では社宅の生活の内実について、詳細にみてきた。これらをふまえて本章では、大井本社の会社共同体と大井町の地域社会という、ふたつの「コミュニティ」の関係がいかなるものであったのかを明らかにする。福武・蓮見編（1979）では、湘光園と地元（大井町）との関係について、大企業、高学歴、若い年齢層の社員世帯、核家族、都会的な意識や生活様式などの特徴をもつ湘光園の住民は、大井町の地元住民とは「異質の集団」であったことが指摘されていた（福武・蓮見編 1979: 396）。さらに湘光園と地元の交流がほとんどなく、「外部」にたいして閉鎖的であることが批判されていた（福武・蓮見編 1979: 397）。ただし先述したように、これらの批判は主として大井町側の調査にもとづいたものであることから、社宅の住民の生活がみえにくく、しばしば一面的な批判がなされている。社宅の住民と大井町の地元住民の交流の実際はいかなるものであったのか。

　本稿で行った調査を通じて、「（大井町の住民は社宅に）入りにくかったんじゃないかと思う」（Bf氏）といった証言のように、たしかに社宅の住民がみずからを「異質の集団」と認識する声も聞かれた。しかし一方で、社宅の住民と大井町の住民との交流をあげる調査協力者も少なからず見受けられた。とくに子供が町内の幼稚園、小学校、中学校に通学することを通じて、社員の妻（専業主婦）と地元住民が交流することが多かったという（Cf氏）。たとえば、子供が関係する小学校のPTA、地域のボーイスカウト、野球チームの親同士のつきあいなどである。また他方で、就学前の子供をもつ夫妻の場合は、「うちなんかはまだ（子供が）小ちゃかったから、社宅の人たちだけで集まっているってかんじで」（Af氏）といったように、学校やPTAとのかかわりがなかったことから、地元住民とのつきあいも希薄であったという。

　一方、未婚、既婚を問わず、男性社員は総じて大井町の地域社会との交流がほとんどなかったという証言が多く聞かれた。たしかに地元飲食店の店主や業務委託先の地元企業の社員を結婚式に招くほど、大井町の地元住民と深い交流をもった社員も存在する（G氏）。さらに大井町の町議会議員[9]を経験した男性社員は、職務の性質上、同僚の議員、大井町役場の職員、地元企業の社員、地元の有権者との交流が少なからずあったという（Cm氏、D氏）。しかし、基本的に平日の日中は大井本社で職務に従事している男性社員の全体からすれば、これらの調査協力者は例外的な事例といってよい。

　それでは、なぜ大井本社の会社共同体の住民と大井町の地域社会の住民の結びつきは強く

ならなかったのか。本稿で実施した調査を通じて明らかになったのは、「転勤」にともなう会社共同体の住民の流動性と移動の問題である。会社共同体の住民である大井本社に勤務する社員とその家族にとって、「転勤」による移動は避けがたいものである。社宅の住民と大井町の住民の結びつきを阻害する大きな要因として「転勤」をあげた調査協力者のひとりは、その実状を以下のように述べている。「(大井本社の社員とその家族は) 2〜3年で、どんどん転勤していくんですよ。私は比較的長くいたほうだから (大井町の地元住民に) よく『仲よくなっても、すぐいなくなるから、ダメなんだよ』といわれたね。(…) そういう制約があって、大井町の人とのつながりというのは、なかなか作り上げにくかった」(Cm氏)。主に農業に従事して移動をともなわない大井町の地元住民を「固」とすれば、大井本社の会社共同体からの「転勤」という不可避な移動をともなう住民は「流」である。柳田国男を論じた鶴見和子のことばを借りていえば、大井町の地元住民は「定住民」であり、会社共同体の住民は「漂泊民」である (鶴見1977)。会社共同体と地域社会というふたつの「コミュニティ」の住民の「移動」をめぐる性格は大きく異にしていた。この事実は、「会社による湘光園に対する排他的な生活環境充実策が、湘光園の生活を自足させ、地元との交流の可能性を断っている」(福武・蓮見編1979: 397) とする解釈が妥当ではないことを示している。

　福武の研究グループで数多くの農村社会調査にたずさわり、大井町の調査研究にも深くかかわった松原治郎は、第一生命が大井町で取り組んだ「モデル的なコミュニティづくり」をある程度は評価しつつも、「第一生命社宅住民は、家庭と職場への関心と帰属意識を除けば、いわゆる第三空間は『見知らぬ』人びとのなかでの生活をしているにすぎ」ず、「隔絶された社宅街を形成し」ているとする (松原1973: 157)。それにもかかわらず、子弟の教育などの生活環境条件への要求が高いと批判したうえで、「コミュニティづくりへの、新旧両住民一人一人の行動参加」こそが必要であると松原は主張する (松原1973: 160)。しかしながら、「新旧住民」がもつ性質は、流動性の高低、移動の有無といった点で大きく異なるものである。松原の見解に顕著にみられるように、当時の社会学者の多くが「新旧住民によるコミュニティづくり」が可能だと考えたのは、あまりにも多くの意味を「コミュニティ」に仮託しすぎたゆえではあるまいか。

　この論点を考えるうえで補助線となりうるのが、先にみた宇野利右衛門の労務管理について産業社会学の立場から歴史的に検討した間宏の研究である (間1978)。間によれば、「日本の労使関係の革新」たる特徴は「労使が協力して『コミュニティ』(生活共同体) を形成すること」に見い出すことができる (間1978: 7-8, 傍点は引用者による)。すなわち、労働者、使用者、双方にとって、「心理的および物質的諸欲求を充足させ、そこを生活安定の場としようとしているという点からみて、企業 (事業所、職場を含む) は、一種のコミュニティ」なのである。したがって、労働者にとって企業とは「農山漁民における『ムラ』(地域コミュニティ) と機能的に等価の関係にある」(間1978: 8)。産業社会学の数ある知見のなかで、とくに間の企業コミュニティ論に着目するのは、会社共同体と地域社会というふたつの「コミュニティ」を「機能的に等価の関係」とみなしているからである。福武・蓮見編 (1979) や松原 (1973) の「会社共同体」批判とは異なり、宇野の労務管理の思想と行動の軌跡を丹念にたどって透徹した考察から導出された間の「企業コミュニティ」論の特長は、

「コミュニティ」に過剰な意味と負荷を付与しない点にこそ認められる。ひるがえっていえば、福武・蓮見編（1979）や松原（1973）は「コミュニティ」にたいして過剰な意味を付与した結果として、「地域社会」とは本来的に異なるはずの「企業コミュニティ」をかたちづくる「会社共同体」の住民の生活をとらえることができなかったのではないか。

6. 本稿の知見と今後の展望

　本稿では、大井町へ移転した第一生命大井本社の社宅に居住していた社員とその家族へのインタビュー調査を通じて、その生活の内実を明らかにしてきた。まず、「大井本社の会社共同体における生活の実際はどのようなものであったのか」を明らかにした。その結果として、福武・蓮見編（1979）で提示されていた見解が必ずしも妥当しないことを示した。たとえば、社員とその家族から「大井町が『都会的でない』『文化的にいくぶん遅れている』といった不満」（福武・蓮見編 1979: 393）が聞かれたという評価はきわめて一面的であって、じっさいには大井町の良質な自然環境や育児のしやすさなど、生活のよい面をあげる声が多かったことを提示した。次に、「会社共同体と大井町の地域社会との関係はいかなるものであったのか」という主題を検討した。その結果として、就学後の子供をもつ社員の妻である女性は、学校や家事を媒介にして地元住民とある程度の関係をもっていたことがわかった。一方で、大井本社に勤務する社員の男性については、例外的に地元住民と深い交流をもった調査協力者が一部にみられたものの、概して関係をもたない傾向にあったといえる。

　さらに上記の知見をふまえたうえで、「なぜ会社共同体と地域社会の結びつきは強くなかったのか」という問いを検討した。「コミュニティ」を考えるうえで重要な論点であるにもかかわらず、福武・蓮見編（1979）ではじゅうぶん検討されることのなかった問いを考察した結果として、会社共同体と地域社会というふたつの「コミュニティ」が質的に大きく異なるものであることが示された。具体的には、「転勤」による会社共同体の住民の流動性の高さが、流動性が低い大井町の地元住民との結びつきを阻害していたことを明らかにした。すなわち、会社共同体や地域社会との関係が必ずしも強くならなかったのは、「コミュニティ」それじたいの問題や福武・蓮見編（1979）で批判的に指摘されていた企業の手厚い福利厚生というよりも、「転勤」という日本企業の特質に由来していることが確認された。これは福武・蓮見編（1979）や松原（1973）が、「移動」を前提とする流動的な会社共同体の住民と大井町の地域社会で生活する「移動」を前提としない固定的な地元住民という異なる性格の住民とを、ともに等しく「コミュニティ」の住民であるととらえたことによる陥穽であった。換言すれば、会社共同体と地域社会のあいだに生じた齟齬は、まさに「コミュニティ」の名のもとで可視化されたのではなかったか。

　以上で提示した本稿の知見から、次の研究課題として浮かび上がるのは、よくも悪くも多様で曖昧な意味をもつ「コミュニティ」という概念にたいして、戦後の日本社会がいかに可能性を見い出し、欲望してきたのか、そこに限界はなかったのか、という問いである。そのような歴史的な検討を通じてこそ、こんにちの日本社会であらためて希求されている「コミュニティ」の可能性と限界もまた明らかになることが見込まれる。さらに本稿では、高度成

◆論　文

長期のホワイトカラー労働者の社宅にみられる生活の一端を描写してきた。その後のバブル経済の崩壊と長期不況による停滞をへて、近年の日本企業は、社宅や家賃補助をはじめとする福利厚生を削減する傾向にあることが指摘されている[10]（労務行政研究所 2008, 2014）。今後さまざまな資源が限定されるなかで、本稿は戦後の日本社会でホワイトカラーの社員とその家族が居住した会社共同体の生活の実状と共同性の検討を通じて、労働者の生活、余暇、居住といった諸側面の環境をいかに整えるべきかを考える一端を提示してきた。しかしながら、この論点については、現状ではごくわずかな達成にとどまっている。別稿の課題としたい。

注

(1) 本稿では、「会社」と「社宅」を包括する概念として「会社共同体」を採用する。企業内の成員によって形成される「企業共同体」論については、産業社会学に多くの研究蓄積がみられる（松島 1962; 間 1964; Dore 1973; 稲上 1981; Inagami and Whittaker 2005）。稲上毅は日本の「企業共同体」を成立させている性格として、(1) キャリアの深い内部化、(2) 職場の社会構造のありかた、(3) 労使間の円滑なコミュニケーション、(4) 成員の「生活保障」機能をあげている（稲上 1981: 356-8）。そのうえで戦後の日本企業が職場共同体から企業共同体へと移行するとともに、利益共同体としての性格を強くしていることを稲上は指摘している。この分類にしたがえば、本稿が分析の対象とする大井本社の社宅は (4) 成員の「生活保障」機能に位置づけられる。産業社会学の「企業共同体」論の知見を考慮するとともに、近年の稲上の使用例（稲上 2007, 2008）をふまえて、本稿では分析概念として「会社共同体」を用いて検討を進める。

(2) 『読売新聞』1965 年 4 月 5 日付朝刊 14 頁。

(3) 『読売新聞』1968 年 3 月 22 日付朝刊 19 頁。

(4) 『朝日新聞』1969 年 3 月 28 日付朝刊 25 頁。

(5) 本稿の調査協力者のなかで唯一じっさいに相互台社宅に居住した経験をもつ D 氏によれば、相互台社宅は役員と上級管理職向けにつくられたものであったが、D 氏が居住した 1990 年代半ばから後半には「空き家」状態の社宅が少なからずみられたという。その背景には、後述する業務効率化と人員抑制策の影響により、大井本社の役員、上級管理職の人員計画が当初の予定から変更されたことにともなって、相互台社宅への入居者が減少したという事情がある（D 氏）。

(6) インタビュー調査を実施するにあたって、調査協力者の選定はスノーボールサンプリングの方法で行った。まず、大井本社にかんする記事を自身のウェブサイトに掲載していた Am 氏にメールにて調査を依頼し、承諾をいただいたうえで調査を実施した。その後、Am 氏から大井本社時代の同僚を紹介されて調査を依頼し、承諾された場合に調査を行った。さらに Am 氏以外の調査協力者からも、大井本社時代の上司・同僚・後輩の紹介を適宜受けたことを付記しておく。調査の依頼時には、研究の趣旨と目的、調査で収集したデータの利用方法、データの厳密な管理、結果の公表、個人情報の保護、学術的な意義について、調査協力者に説明を行った。インタビュー調査は半構造化面接法によって実施した。調査を行った時期は、2017 年 1 月～同年 6 月である。表 1 中のインフォーマントを示す A～G は、調査を行った時系列順に示している。調査の所要時間は、インフォーマントによって多少異なるものの、おおむね 2～3 時間程度である。

(7) 大井本社をのぞく第一生命全社の終業時間は 16 時 20 分であったが、電車、バスを乗り継いで遠方から通勤する一般職の女性社員に配慮して、大井本社のみ 10 分早く 16 時 10 分に設定され

(8) もっとも、G氏が他の支社へ異動したのちの 1980 年代以降の大井本社では、OA 化、ME 化の進展による業務の効率化と人員の抑制がいっそう進むとともに、1970 年代に比べて残業時間は増加した（E 氏）。E 氏によれば、企業社会全般をとりまく環境の変化に加えて「（生命保険の業務内容が）首都圏の大企業の本社を中心とする法人契約のための人的折衝業務が増加したのにともなって、大井本社の業務の見なおしも進んだ」ことから、「大井本社の人員は減少の一途をたどり、大きな業務の変化に対応することになった」のだという（E 氏）。当時刊行された ILO のレポートでは、「OA 革命」の進展によって大きな影響を受ける産業として、金融保険業と卸小売業があげられている（International Labour Office 1980＝1983）。本稿の調査協力者による証言は、大井本社もまたその例外ではなかったことを如実に示している。さらにバブル経済崩壊後の 1990 年代には、1980 年代以上に業務量、残業時間が増加したという証言も聞かれたことを付記しておきたい（D 氏）。

(9) 大井本社では、大井町の町議会議員選挙に事実上社内から選出されるかたちで毎期 1 名が立候補して当選し、大井町の町議会議員をつとめていた（第一生命社員と兼職）。今回の調査協力者のなかでは、Cm 氏と D 氏が町議会議員の経験者である。

(10) ただし、1990 年代から 2000 年代にかけて減少傾向にあった住宅関連の福利厚生費は、2010 年代に入って下げ止まり、漸増傾向にあるとの指摘もなされている（日本経済団体連合会 2016）。

参考文献

青井和夫編，1967，『会社従業員の生活と意識――第一生命従業員調査』地域社会研究所．
有泉亨編，1956，『給與・公營住宅の研究』東京大学出版会．
地域社会研究所，1964，『コミュニティ』1．
Dore, R, P., 1973, *British Factory–Japanese Factory: The Origins of National Diversity in Industrial Relations,* London: Gorge Allen & Unwin.
福武直編，1967，『大井町――地域社会の構造と展開』東京大学出版会．
────，1977，『農山村社会と地域開発――神奈川県大井町相和地区』東京大学出版会．
福武直・蓮見音彦編，1979，『企業進出と地域社会――第一生命本社移転後の大井町の展開』東京大学出版会．
蓮見音彦，1979，「大井町一〇年の移りかわり」第一生命大井本社編『むらさき』56: 1-2．
間宏，1964，『日本労務管理史研究――経営家族主義の形成と展開』ダイヤモンド社．
────，1978，『日本における労使協調の底流――宇野利右衛門と工業教育会の活動』早稲田大学出版部．
日笠端編，1969，『大井町開発基本計画』地域社会研究所．
平山洋介，2009，『住宅政策のどこが問題か――「持家社会」の次を展望する』光文社．
稲上毅，1981，『労使関係の社会学』東京大学出版会．
────，1999，「総論 日本の産業社会と労働」稲上毅・川喜多喬編『講座社会学 6 労働』東京大学出版会，1-31．
────，2007，「新しい会社共同体について考える」『賃金レポート』41(5): 23-48．
────，2008，「会社共同体のゆくえ」『大原社会問題研究所雑誌』599・600: 29-49．
Inagami, T. and Whittaker, D, H., 2005, *The New Community Firm: Employment, Governance and Management Reform in Japan,* Cambridge: Cambridge University Press.
International Labour Office, 1980, *The Effects of Technological and Structural Changes on the*

Employment and Working Conditions of Non-manual Workers, International Labour Organisation.（＝氏原正治郎監訳，1983，『OA 革命とホワイトカラー――ILO レポート』日本生産性本部．）

磯村英一，1959，『都市社会学研究』有斐閣．

鎌田哲宏・鎌田とし子，1993，『日鋼室蘭争議三〇年後の証言――重化学工業都市における労働者階級の状態2』御茶の水書房．

松原治郎，1973，『生活優先の社会へ――福祉社会の条件』講談社．

松原治郎・小野浩編，1971，『地域社会の形成と教育の問題――神奈川県大井町』東京大学出版会．

松島静雄，1962，『労務管理の日本的特質と変遷』ダイヤモンド社．

日本経済団体連合会，2016，「第60回 福利厚生費調査結果報告 2015年度（2015年4月〜2016年3月）」（2017年9月4日取得，http://www.keidanren.or.jp/policy/2016/113_honbun.pdf）

Sato, I, 2007, "Welfare Regime Theories and the Japanese Housing System," Hirayama, Y. eds., *Housing and Social Transition in Japan,* London: Routledge, 73-93.

佐藤岩夫，2009，「「脱商品化」の視角からみた日本の住宅保障システム」『社會科學研究』60(5・6)：117-41．

社宅研究会編，2009，『社宅街――企業が育んだ住宅地』学芸出版社．

新明正道・田野崎昭夫・鈴木広・小山陽一・吉田裕，1959，「産業都市の構造分析――岩手県釜石市を手がかりにして」『社会学研究』17: 2-101．［再録：1985，『新明正道著作集――第十巻 地域社会学』誠信書房，173-276．］

高山英華編，1968，『都市生活者の生活圏行動――第一生命従業員調査』地域社会研究所．

田野崎昭夫，1985，『企業合理化と地方都市』東京大学出版会．

―――――，2007，『地域社会の変動と社会計画――釜石社会と釜石製鐵所（中央大学社会科学研究所研究チーム「地域計画の社会学的研究」）』中央大学社会科学研究所研究報告25．

鶴見和子，1977，『漂泊と定住と――柳田国男の社会変動論』筑摩書房．

労務行政研究所，2008，「社宅・独身寮の最新動向」（2017年9月2日取得，https://www.rosei.or.jp/research/pdf/000008235.pdf）

労務行政研究所，2012，『労政時報』3817．

［付記］
本研究の成果の一部は、JSPS 特別研究員奨励費（課題番号：16J04739）の助成を受けたものである。また、本研究の調査にご協力いただいたみなさま、有意義な助言をくださった査読者の先生方に、心より御礼申し上げます。

発展途上国における開発と災害
―スマトラ地震とアチェの事例―

室井研二

1. 研究の枠組と焦点

　本稿の目的は、2004年に発生したスマトラ地震からの地域社会の復興過程を、最大の被災地であるインドネシア国アチェ州を事例に分析することにある。最初に、分析の理論枠組について論じておきたい。

　近年の災害社会学的研究では、発災直後の緊急期だけでなく、前史に遡って災害の社会的発生メカニズムを歴史的に把握したり、災害後の長期的な復興プロセスを追ったりする研究も一定の市民権を得るようになった。前史に着目した研究は一般に脆弱性アプローチと呼ばれ、おもに発展途上国の災害研究から帰納的に導出されたものである（Hewitt 1983；Oliver-Smith 1986; Wisner et al. 2003）。途上国における災害は往々にして貧困や紛争といった「非」災害的要素と密接に絡み合って現出することが、研究対象を発災後の災害過程に特化した従来の「科学的」、機能主義的な災害研究に根本的反省を促したと考えられよう。長期的な復興に着目した研究は、日本の文脈では1991年の雲仙普賢岳噴火災害や1995年の阪神・淡路大震災の研究からみられるようになったもので、近年では「レジリエンス」をキーワードとして論じられることが多い。いずれも災害を与件としてではなく、マクロな政治経済的動向との関連や社会的構築物としての側面を捉えようとする志向をもつものであり、災害研究の社会学的研究への内部化を推し進めたものとして評価されるものである。

　本稿が目指すのも、災害による社会変動と平時における社会の構造や変動との統合的理解である。ところで、アチェを事例としたスマトラ地震研究に目を向けるなら、数多くの事例研究が生みだされた一方で、こうした方法論的観点に立った研究は必ずしも多くない。先行研究に関する具体的検討はあとで行うが、その全体的な課題を先取りして指摘するなら以下のようなことが挙げられるのではないか。

　第1は、研究の時間・空間的スケールに関してである。既往の研究は住宅再建が完了した発災5年後ぐらいまでを射程としているものがほとんどであり、それ以降の局面を扱った研究は少ない。しかし、災害の発生が紛争の終結に連動したアチェでは、災害過程は「平時」への回帰といったプロセスを辿らず、むしろ「平時」の枠組自体の改変をもたらした。災害と社会変動の関連を捉えるという災害研究の課題は、現在においてむしろ重要性を高めているのである。また、スマトラ地震でアチェでは広域的な被害が発生したにもかかわらず、既往研究の多くは個別のコミュニティを対象とした事例研究であった。そのため、モノグラフィックな研究の蓄積が進んだ一方で、被害や復興の全体像の提示という点での成果は乏し

い。

　第2は、スマトラ地震研究に限らず、災害社会学の脆弱性アプローチそのものに付随する問題点である。つまり、脆弱性アプローチは確かに災害の社会的側面の把握という点で評価されるべきものであるが、災害の根本原因（root causes）の解明にあたって発展途上国の地域研究の既存の研究成果が必ずしも有効には活用されていないのである。そのため、脆弱性をテーマとした実証研究は数多く産出されているにもかかわらず、その内容は概ね似通っており、結論もグローバル資本主義批判の一般論にとどまる場合が多い印象を受ける。ことはスマトラ地震研究の場合も同様で、同災害の研究と一般的なインドネシア（東南アジア）地域研究は別々に行われてきた傾向が強い。そして、こうした災害研究と地域研究の分離ゆえに、災害研究は現在も依然として「特殊」な研究領域とみなされがちなのではないか。

　先行研究の成果を継承するとともにこうした限界を克服することを目指し、われわれは以下のことを試みた。第1に、アチェ州における津波被災地全域をカバーするサーベイ調査の実施である。アチェ州内の1特別市（バンダアチェ）と3県（アチェベサール、アチェジャヤ、アチェベラート）に含まれる160の被災コミュニティの復興状況を、コミュニティリーダーを対象としたサーベイ調査を通して把握することを試みた[1]。そうすることで災害復興の全体像、特にコミュニティ復興をめぐる都市・農村格差やその規定因の解明を目指した。

　第2に、アチェの地域構造や災害復興の特徴を把握するにあたり、東南アジアの地域開発や都市化に関する既存の研究成果を積極的に援用した。そうすることで、これまでともすれば災害社会学的研究に特化しがちであったスマトラ地震研究を、社会学的な地域研究に接合することを試みた。

2. インドネシアの経済開発とアチェ

　アチェ州はスマトラ半島北端に位置し、地理的、経済的にインドネシア国内で最も辺境的な地域の1つである。そのため、マクロな経済システムとの連関を欠いた孤立的貧困地域、あるいは宗教的急進主義や紛争のイメージが想起されがちな地域である。しかし歴史的にみれば、アチェはインドネシアの経済発展と内在的連関をもった地域であり、後述するように今日のアチェの災害復興の動向もこうした歴史的沿革との連続において捉えられるところが少なくない。そこでまず、インドネシアの経済開発の特徴やその中でアチェが置かれた位置について論じておきたい。

　植民地支配を経験した発展途上国では、都市化の展開が西欧諸国や日本の場合とは大きく異なる。一言でいうなら、それは都市（工業）と農村（農業）の分離的併存として特徴づけられるものである（林 1976; 北原 1989）。インドネシアの場合、オランダ統治時代に貿易拠点として首都ジャカルタで近代的都市形成が進み、また局地的にプランテーションや鉱業開発地区が生みだされた。しかしこうした首位都市や飛び地的開発地域は宗主国や先進国の都市と直結するものであったため、国内では経済的分業体制が発達せず、在来型の零細農業部門が広範に存続する「二重経済」（Boeke 1953）が形成された。

　こうした経済構造は第2次大戦後の政治的独立後にも持ち越された。スカルノ時代には植

民地時代のプランテーションが解体され、農地の私有化が進められたが、農地の所有規模が制限されたため、農業生産は停滞した状況に陥った。他方で、宗主国への経済的従属から脱却するため工業化が目指された。1965年から始まるスハルト政権の「新秩序」政策はこうした課題に応えようとするものであった。工業化政策の財源を確保するために重視されたのが農業開発であり、資源開発である。インドネシアの場合、特に石油・天然ガスといった鉱物資源の開発が外貨獲得手段として重要な意味をもった。他方、農業に関しては当時のインドネシアは世界最大の食料輸入国であったため、緑の革命では当面は米の自給率向上が目標と

図1　アチェ州
http://asiapacific.anu.edu.au/mapsonline/base-maps

された（北原1985）。いずれにせよ、インドネシア（あるいは東南アジア諸国一般）の都市化は先進国と直結した首位都市の工業開発と局所的な農業・鉱業開発の併存、国内経済の地域的機能連関の欠如といった点に特徴をもつものであり、産業化を独立変数として農村の都市化が全国的に進展した日本とは大きく異なるものであったといえる。

　さて、アチェ州は近代インドネシアにおける既述のような飛び地経済の典型として位置づけられる地域である。アチェはインドネシア国内で最も山林占有率が高い未開の地であった一方、沿岸部では17世紀からペナンやシンガポールと交易関係が発展し、インドネシアから一定の自律性をもった独自の経済圏を形成していたとされる。19世紀からオランダと日本による植民地統治を経験した後、第2次大戦後にインドネシアに編入されるが、もともと経済的、文化的に独立性が強かった地域であるため1953年には自治権をめぐる反乱が発生し、1959年に特別州としての地位を付与された。スハルト時代に入った直後、食料不足に悩むインドネシア政府はアチェ州を農業開発の拠点に位置づけ、第1次5か年計画では「インドネシアの穀倉」とすることが目標とされた（Emmerson 1983）。

　しかし、その直後の1970年代前半に州東部のロスマウェで天然ガスが発見されたことで状況は一変する。ロスマウェでは天然ガスの採掘を拠点として、石油化学コンビナート、肥料工場、木材加工所、港湾等の関連施設が建設され、大規模工業地区（LSIZ）が形成された。LSIZは中央政府によって直轄されるとともに、資源開発は外資に依存して進められた。石油・ガスの輸出による外貨収入は1975～1990年のインドネシア国家予算のおよそ半分を占めたが、その30％がアチェから産出されていたとされる（Kell 1995）。その意味で、アチェはインドネシア経済発展の財政的原動力をなした地域であった。

　その一方で、LSIZとアチェの地域経済との連関は希薄であった。LNGの収益のほとんど

はジャカルタ（政府と外資企業）に流出し、地元還元率は5％に過ぎなかった（Rist 2010）。LSIZ内の労働には特殊技能が必要とされるため、労働者は外部調達され、州内の雇用効果も乏しかった。むしろ土地収用に伴う住民の移転、転職問題、工場操業後の公害（煙害、水質汚染）の発生、LSIZが隣接することによる生活物資の価格上昇、建設需要の発生に伴う大量の人口流入とそれに関連する治安・インフラ問題など、新たに問題が生じた面が少なくなかった（Kell 1995; Robinson 1998; 金2010）。いずれにせよ、LSIZとそれをとりまく農村地域の間には大きな経済的、文化的格差が存在し、かつ両地域間に経済的な連関は欠如していた。

ロスマウェは州東部に位置し、スマトラ地震の被災地である北西部から離れている（図1）。しかし、同地の資源開発はアチェ州全域の地域経済の動向に大きな影響を及ぼした。強調しておきたいことは、飛び地的開発によってむしろ州全体の農業開発や工業化が立ち遅れたことである[2]。前述のように、当初アチェはインドネシアにおける農業開発拠点に位置づけられたが、天然ガスの発見後、そうした計画は棚上げにされた。1970年代〜80年代の緑の革命によってインドネシアの農業生産力は向上し、1985年に米の国内自給を達成するが、同時期のアチェ州における米生産量の上昇率は全国平均をかなり下回った。地域経済に占める製造業比率も全国平均より顕著に低い。石油・ガス輸出による外貨収入を財源にインドネシアの工業化が一定の進展をみせる中、産油地であるアチェがインドネシア経済に占める位置はむしろ周辺化したのである（Rist 2010）。GAM（自由アチェ運動）によるインドネシアからの独立運動は資源開発の利益配分に関するそうした不公正への異議申し立てに由来するものであったが、紛争の発生が逆にアチェの開発をさらに制約することになった。アジア通貨危機とそれに続くスハルト政権の崩壊後、ハビビ政権はアチェに融和策を示し、2001年にアチェ州へのイスラム法の適用と石油・ガス採掘収入の増額を認めたアチェ特別自治法の制定がようやく実現するが、2003年に誕生したメガワティ政権は同法を履行せず、紛争はむしろ深刻化した。2004年のスマトラ地震はそうした構造的脈絡の中で発生した災害である。

3. コミュニティの基本構造と災害対応

スマトラ地震に関する先行研究は、アチェを事例としたものに限っても多数にのぼるが、内容的には以下のように大別できよう。

第1に、災害脆弱性に言及した研究である。防災施設がまったく欠如していたアチェでは、津波被害はハザードによって規定された側面が大きい。しかし他方で、スハルト時代の開発や紛争が災害に与えた影響を指摘する研究もある。例えば、高橋は歴史地図の考証を通してバンダアチェ市沿岸部の土地利用の変化を分析し、1970年代に進んだエビ養殖（マングローブ林の減少）やアーバンスプロールが被害の増幅を招いたのではないかと推測している（高橋他2014）。マディは紛争によって大量の域内避難者が発生しコミュニティの住民構成が変化したことが、災害対応力の低下を招いた面があることを指摘している（Mahdi 2012）。スハルト時代にコミュニティの自治組織が中央集権的に改編されたことがローカル

な防災知の消失を招いたことを指摘する研究もある (Husin and Alvishahrin 2013)。

第2に、人道支援的な見地からNGOが災害支援に果たした役割に着目した研究である。スマトラ地震は発展途上国で発生した災害であったことに加え、被災状況の映像がリアルタイムで全世界に発信された史上初めての災害でもあったため、被災地には多数の国際援助機関、NGOが支援活動に駆けつけた。このNGOによる災害支援に関しては、機能不全に陥った地方政府に代わって復興政策の立案、被災地の住宅再建や生計支援（キャッシュ・フォー・ワーク等）に大きな貢献をしたことが評価された一方で、NGO間の支援競争、ドナーやメディアにアピールする必要、被災地への文化的無理解等から、提供された支援と被災地のニーズの間にミスマッチが生じたことが指摘されている（Older 2015; Telford 2012; 山本 2014; Clark and Murray 2010）。

第3に、コミュニティによる草の根の災害対応に注目した研究である。災害発生時のアチェは紛争状態にあり、また津波によって地方政府の多くは機能停止状態に陥ったため、災害への対応はコミュニティとNGOの直接的連携によって進められた点に特徴があった。コミュニティの対応に関しては、慣習法が果たした役割に着目した研究が多い。スハルト時代に抑圧、非合法化されたローカルな慣習的諸制度が災害という危機への対応において顕在化し、住宅再建の前提となる土地登記の権利調整や住民の合意形成、外部支援の受援に関して大きな効力を発揮したとされる (Samuel 2012; 高橋他 2014)。

これらの研究には日本の国家主導型防災を相対化するという点で有意義な示唆を含むものが少なくない。しかし既述のように、災害過程のフェーズという点では、発災から住宅再建までの災害復旧期を取り扱ったものが多く、研究の単位という点では、コミュニティの個別事例的な研究が多い。そこで以下では160のコミュニティを対象とした既述のサーベイ調査の結果に依拠し、先行研究の知見をより広域的、長期的な観点から捉え直しておきたい。

まず、コミュニティの基本的な住民構成についてみておこう。表1、表2は、被災地のコミュニティの就業構造と住民属性を示したものである。就業構造（発災前のコミュニティの主な生業）に関してみれば、都市・農村間の差異が明確で、特別市であるバンダアチェでは公

表1　発災前のコミュニティの生業（多重回答）（%）

	農業***	林業/狩猟**	漁業	商業/サービス**	製造業	公務***
バンダアチェ	25.9	3.7	40.7	92.6	22.2	96.3
アチェベサール	90.9	5.5	63.6	56.4	7.3	45.5
アチェジャヤ	95.1	26.8	58.5	70.7	7.3	36.6
アチェベラート	89.2	16.2	62.2	59.5	10.8	48.6

表2　コミュニティの住民構成（分散分析）

	スマトラ地震発生の直前			2016年現在		
	親族**	土着層***	借家層*	親族***	土着層**	借家層***
バンダアチェ	3.48	3.51	1.52	2.78	3.00	2.48
アチェベサール	3.84	4.45	1.42	3.80	4.02	1.69
アチェジャヤ	4.37	4.63	1.07	4.12	3.41	1.24
アチェベラート	4.04	4.46	1.24	4.22	3.97	1.32

ほとんどすべて = 5; 50–70% = 4; 25–50% = 3; 10–25% = 2; 10%未満 = 1　　$*p<.05; **p<.01; ***p<.001$

◆論　文

務や商業・サービスに従事する住民比率が高いのに対し、他の3県では農業の比率が高い。

　住民属性についてみると、全体として「共同体」的性格が顕著であることが印象的である。調査ではコミュニティにおける住民の親族関係、土着性、借家層比率について尋ねたが、住民の過半数が親族関係にあるコミュニティが76.2％、世帯主が同地で生まれ育った世帯が「ほとんどすべて」を占めるコミュニティが60％、借家層比率が10％未満のコミュニティが81.9％にのぼっている。これらの比率に関しても都市・農村間で差異がみられ、バンダアチェでややスコアが低くなっているが、それほど顕著な差異ではない。全体として、コミュニティは親族関係の累積を基盤としていることが確認できる。

　コミュニティの以上のような基本特性は、災害による被害や復旧期の対応にどのように影響したのか。第1に、被害に関しては、アチェは全体として第1次産業を主産業とした地域であることから、人的被害、住宅被害に加えて、甚大な生業被害が発生した。調査結果によると、災害直後に失職・転職を余儀なくされた住民が「ほとんどすべて（almost all）」のコミュニティは28.3％、「大半（most）」のコミュニティは21.3％に達した。失職・転職の差異を規定したのはコミュニティの生業であり、特に漁業を主業とするコミュニティで失職・転職の比率が有意に高かった。もっとも、こうした生業被害はあくまでも州内に限定された局地的被害であった。アチェはマクロ経済システムの機能連関から外れた地域であるため、災害による経済被害は域外に波及せず、インドネシア政府に与えた財政的影響は軽微であった[3]。

　第2に、コミュニティの住宅再建は基本的に元居住地で行われた。被災者の大半は一時的に他所で避難生活を送り、インドネシア政府も災害後、防災上の理由から沿岸部を居住禁止区域に指定したが、調査結果によると、住宅再建地が元の居住地と同一であった場合が51.9％、移転はしたが元居住地の領域内での移転であった場合が38.1％で、元居住地の外部に移転したコミュニティは8.1％に過ぎなかった。こうした元居住地での再建率の高さは、既述のようなコミュニティの生業的、同族的条件によってもたらされたと考えられよう。

　第3に、コミュニティの共同体性格は住宅の再建に有利に作用した面がある。先行研究ではNGOの支援とともにコミュニティによる共同的関与が住宅再建に果たした役割に注目が集まったが、このことはわれわれの調査でも追認された。具体的には、住宅再建にあたって住民の意見調整や支援機関との交渉を行ったコミュニティは過半数に達し、建設作業への関与49.4％、基金の設置45.6％、さらには独自に復興計画を作成したコミュニティも30.6％にのぼった。こうした積極的な関与もあって、14万戸を超える住宅の再建も災害4年後にはほぼ完了した。確かに、マディが指摘したように紛争がコミュニティを弱体化した面も否めないが、全体としてみた場合、開発から放置されたアチェではコミュニティに濃密な共同体的諸関係が存続しており[4]、そのことが災害時の緊急対応や復旧期の住宅再建に好適に作用した面も少なくないと考えられる。

4.　災害後の人口動態

　災害復興の現状について、まず人口学的側面についてみておきたい。スマトラ地震でアチ

表3　コミュニティの人口動態（平均値）

	スマトラ地震発生の直前		2016年現在	
	人口	世帯数	人口	世帯数
バンダアチェ	3063.0	862.6	2983.6	863.4
アチェベサール	1665.8	364.9	1875.9	380.4
アチェジャヤ	583.6	188.6	603.6	197.6
アチェベラート	1032.2	250.4	940.5	290.6

表4　死亡率と出生率の関係（%）

		津波災害後の出生率[2]			
		5%未満	5-10%	10-20%	20%以上
津波災害に よる死亡率[1]	3%未満	**32.0**	28.0	24.0	16.0
	3-20%	3.0	24.2	42.4	30.3
	20-50%	3.7	33.3	33.3	29.6
	50%以上	8.3	14.6	31.3	**45.8**

$***p<.001$

1) 津波災害による死者・行方不明者数／被災直前の人口
2) 津波災害後の出生数／現在の人口

ェではおよそ22万人の死者・行方不明者が発生し、災害直後にはコミュニティ消滅の危機が指摘された。われわれの調査でも、1コミュニティあたりの平均死者数は543.1人にのぼっており、被害の大きさがあらためて確認された。しかし、災害の発生から12年が経過し、コミュニティの人口は被災前の水準に回復した（表3）。このことが今回の調査で明らかになった最も印象的な知見である。

　分析の結果、人口の回復はおもに自然増によってもたらされていることが明らかになった。災害後のコミュニティの社会動態は流出人口が平均15.0世帯、流入人口が平均47.2世帯であるのに対し、自然増（「災害後にコミュニティで生まれた子どもの数」）は平均207.5人にのぼっている。その結果、被災地のコミュニティでは「若返り」がすすんでいる。被災前には高齢化率5％未満のコミュニティは12.5％にすぎなかったのに対し、2016年現在のそれは51.2％にのぼっている。こうした状況は、災害後に若年人口が流出し高齢化が加速した東日本大震災の被災地の状況と対照的である[5]。

　なお、人口のこうした自然動態に都市・農村間の差異はみられなかった。自然増の差異を規定したのは地域間の差異ではなく、災害による死亡率である。表4にみるように、災害による死亡率と災害後の出生率の間にはきわめて強い関連性が見出せる。つまり、死亡率が高かったコミュニティほど出生率が高い傾向が看取できる。

　実は災害後、配偶者を亡くした被災者間で「再婚ブーム」、「ベビーブーム」がみられたことはこれまでにも指摘されていた。今回の調査結果はそのことが被災地全域にわたってあてはまることを数量的に裏づけるものである。しかし、災害後の劣悪な生活環境の中でどうしてそうしたことが可能になったのか。

　現地での聞き取りによれば、以下のような要因が指摘できる。第1に、育児に関わる社会経済的条件である。既述のように、コミュニティは半ば親族組織でもあったため、近隣親族による育児支援はいわば自然に行われた。経済的にも、飲食物や雑業的な仕事を融通しあう

◆論　　文

ことで糊口をしのぐことがそれなりに可能であったという。確かに、災害後多くの住民が職を失ったが、もともと市場経済が未発達な途上国の農村ではそのことは必ずしも致命的なことではない。むしろ、災害の危機的局面では自給的な生存維持経済がレジリエンスを発揮したとみることができる。

　第2に、住宅的な条件である。アチェでは被災者に対して恒久住宅が無償供与された。住宅戸数は世帯単位の個別申請ではなく、コミュニティが住民の意見を取りまとめその要請にもとづいて決定されたため、コミュニティの社会的まとまりは維持された。住宅そのものは規格化された狭小なものであったため世帯分離も生じたが、被災前の人口に準拠して潤沢に供給され、世帯分離した家族員も余剰住宅を利用して近隣に住む場合が多かったので、家族生活の実質的な連続性は維持された。こうした住宅条件も出産、育児に好適に作用したと考えることができる。

　第3に、コミュニティを存続させる必要性が、被災者に再婚や出産を動機づけた側面があるということである。アチェでは結婚・出産は当事者間の私的判断だけでなく、コミュニティの社会的判断にもよるものであり、災害で減ったコミュニティの人口を新しい生命で補わねばといった集合感情が自然に共有されていたという。市場サービスや公共サービスが未発達な発展途上国では、生存を維持していくうえで家族やコミュニティが果たす役割は格段に大きい。戦前のアチェの習俗について記された民俗誌的な著作においても、人口の維持拡大がコミュニティの繁栄とみなされ、未亡人がでた場合には集落内婚の斡旋をすることがグチの務めであることが記されている（Hurgronje 1906）。こうした慣習法規範はスハルト時代から推進されてきた産児制限政策に抵触するものであるが、災害の危機がそうした集団的生存本能を呼び覚ましたといえるのではないか[6]。

5. ポスト紛争下の災害復興と経済変動

　続いて、災害復興の現状について3つの観点から議論しておきたい。第1に、被災地の社会経済的な現状評価について、第2に、地域間の復興格差について、第3に、紛争終結後のアチェ州の経済変動についてである。

5.1 社会経済的現状評価とその背景

　社会経済的な現状評価に関する調査結果を示したものが表5である。すべての項目できわめて高い肯定的評価がみられることがわかる。こうした高評価は災害復興のプロセスによって規定されている側面もある。例えば、コミュニティ活動に関する現状評価は、住宅再建過程へのコミュニティ参加に関する項目と有意な関連を有していた。具体的には、コミュニティ独自の復興計画を作成したコミュニティはそうでないコミュニティよりも現状評価が有意に高かった[7]。経済的な現状評価の規定因としては、インフラの復旧が重要である。アチェでは災害後、NGOを中心に総額50億ドルにのぼる巨額の復興資金が投入され、インフラが全般的に改善された。われわれの調査でも、各種のインフラが軒並み「スケールアップした」と評価されており、そのことと経済的現状評価との間には強い関連性があることが明ら

かになった。既述のような歴史的経緯（飛び地開発や紛争）から、アチェはインフラ整備が立ち遅れた地域である。そうした単純な生産、流通構造が、皮肉なことに、災害後の経済の復旧、改善という点ではむしろ有利に機能したと考えることができる。

しかし、こうした現状評価を根底で規定しているのは、災害復興に関連する要因ではなく、災害後の紛争の終結がもたらしている影響と考えるべきであろう。紛争期にはコミュニティの住民生活は厳しい監視統制下に置かれ、集会も禁止されていた。紛争の終結によってそうした軍事的抑圧から解放されたことが、住民の現状評価に及ぼしている影響は大きい。

地域経済への影響という点では、紛争終結後に制定されたアチェ統治

表5　復興の現状評価（%）

	よい	まあよい	あまりよくない	悪い
住宅	81.9	17.5	0	0.6
社会インフラ	68.1	27.5	3.8	0.6
経済／生業	44.4	39.4	13.8	2.5
環境／衛生	58.1	38.1	3.8	0
コミュニティ活動	70.0	29.4	0.6	0
文化／伝統	74.4	22.5	2.5	0.6
社会福祉	53.1	37.5	1.3	0
住民自治	70.0	28.7	1.3	0
全体	40.0	56.9	3.1	0

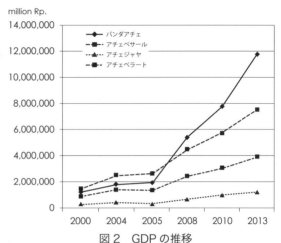

図2　GDPの推移
出典：*Informasi Pembangunan Aceh 2014*

法（Law of governing Aceh）が果たしている役割が重要である。この法律はロスマウェでの長期にわたった資源搾取に対するアチェ州への賠償を旨とし、2008～2025年の間、国家予算の2％をアチェ州に対して特別に配分することを定めたものである。それによりアチェ州の財政規模は急激に拡大し、経済成長が加速している。図2は被災地のGDPの推移を示したものである。災害の発生直後に地域経済は停滞した状況に陥るが、その後NGOの災害援助資金によって、さらに2008年からは上記財政特別措置によってGDPが急激に伸びていることがわかる。さらに、こうした財政改革とポスト・スハルト期の地方分権改革が連動し、コミュニティ参加制度の導入もすすんだ。コミュニティには従来にない豊富な補助金が流れ込み、ボトムアップ型の開発を目指した様々な創意工夫が試みられている。社会経済的現状に対するきわめて高い評価がこうした状況と関連していることは間違いない。

5.2　復興格差

もっとも、こうした経済成長は被災地間の経済格差を拡大し、また急激な変動が現地に混乱を惹起している面も看取される。GDPの伸び率が突出して高いのがバンダアチェである。バンダアチェと他の農村地域のGDPの伸び率には2倍前後の格差があり、そうした格差は1人当たりGDPに換算するとより顕著なものとなる。逆に、災害後の地域経済が停滞した状態にあるのがアチェジャヤである。サーベイ調査の結果でも、アチェジャヤの経済的現状

表6 経済的現状評価（地域別）（%）

	よい	まあよい	やや悪い	悪い
バンダアチェ	63.0	29.6	3.7	3.7
アチェベサール	45.5	41.8	12.7	0
アチェジャヤ	26.8	41.5	24.4	7.3
アチェベラート	48.6	40.5	10.8	0

*p<.05

表7 経済的現状評価（生業別）（%）

	よい	まあよい	やや悪い	悪い
農業*	38.0	43.4	16.3	2.3
林業**	23.8	33.3	38.1	4.8
商業*	51.4	32.7	12.1	3.7
公務*	54.8	32.1	10.7	2.4

*p<.05 **p<.01

評価は有意に低くなっている（表6）。

こうした差異を規定しているのは災害による生業被害である。生業被害に関してサーベイ調査から明らかになったことは、漁業を主業とするコミュニティで失職・転職率が高く、農林業を主業とするコミュニティで経済的現状評価が有意に低いことである。逆に、商業や公務を主業とするコミュニティの経済的現状評価は有意に高く、職業の違いに対応した被害格差が明確に現れた（表7）。現状評価にみられたバンダアチェとアチェジャヤの差異は、そうした被害格差の地域的な反映として捉えることができる。バンダアチェは住民の職業構成において商業、公務の比率の高い地域であるのに対し、アチェジャヤは純農村的な地域であり、津波浸水率が他地域と比べて顕著に大きかった地域である（表1参照）。

こうしたサーベイ調査の結果を実態的に検証するため、アチェジャヤの集落の1つ（Ujong Muloh）で現地調査を行った[8]。それによれば、この集落では津波によって集落全域が浸水し、災害後、集落内移転を余儀なくされた。農地の一部が宅地に転用されたことで農地面積が縮小したことに加え、海水の浸水によって農地の土壌が劣化し、農業生産力が低下した。土壌改良の技術がないため、農業生産力は依然として低いままにとどまっている。こうした状態にある集落はアチェジャヤでは少なくないとのことであった。津波災害が特に第1次産業に対して長期的な打撃を及ぼしていることが推察される。

5.3 地域経済の再編

災害後のバンダアチェの目覚ましい経済変動は、被災地の復興格差という観点だけでなく、アチェ州全域の経済変動との関連でも捉えておく必要がある。最後にこの点について論じておきたい。

アチェ州で1990年代後半顕著になったのがロスマウェの凋落である。インドネシアの経済発展を支えたLNGの生産が90年代後半以降急減し、2012年の生産量は最盛期の3%以下にまで落ち込んだ。資源の枯渇に伴い、2000年には州GDPの24.3%、36.6%を占めていたロスマウェ、北アチェ県[9]のGDPは、2012年には各々12.1%、12.7%へと急激に低下した。90年代以降、一定の輸出志向型工業化を達成し、財政の資源輸出への依存度を低下させたインドネシア政府にとって、LSIZはもはや用済みになったといえるのかもしれない。その一方で、バンダアチェの経済的拠点性は強化され、2008年にはアチェ州における国土開発の拠点地域に指定された。市のGDPが州のGDPに占める比率も2000年には3.3%にすぎなかったのが2012年には12.0%にまで上昇した。名実ともに州都としての位置づけが明確なものとなったバンダアチェ市は2009年に20年スパンの地域開発計画を策定した。この計画で市内

の副都心開発や防災・環境政策と並んで重視されているのが、物資・商品の流通拠点としての機能の向上であり、そのための道路・交通政策である。州の開発政策と連携し、州内諸地域のネットワーク形成とそれによる広域的経済発展が目指されている。

もっとも、こうした経済動向の今後を見通すことは難しい。さしあたって指摘できる

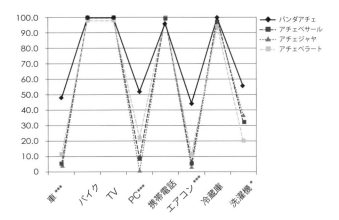

図3　耐久消費財の普及状況（％）

ことは、現在のアチェの経済成長が財政と消費に主導されたものであるということである。近年のアチェにおける消費文化の急速な浸透には目を見張るものがある。図3は各種の消費財について「コミュニティの住民の過半数が所有しているもの」を尋ねた結果である。車、PC、エアコンといった高級消費財の所有率に関しては都市・農村間で明確な格差があるが、今日では農村でもテレビ、冷蔵庫はいうまでもなく、バイクや携帯電話の普及も著しいことがわかる。その一方で、産業や生産構造に目立った変化はみられない。バンダアチェとアチェベサールの農民を対象に調査を行った高橋らは、農地の経営形態、経営規模、農業設備、農産物の流通経路のいずれにおいても災害後に変化はほとんどみられなかったことを明らかにしている（Takahashi et al. 2017）。

しかし、分権改革の一環として推進されているボトムアップ型のコミュニティ開発事業が一定の成果を挙げている面もある。例えば、筆者が現地調査を行ったアチェベラートのLangung集落では、津波で農地被害が発生したため、災害後、農地の一部を養殖池（鯰と貝）に転用することを決めた。集落の農事組合で池を掘り、水害対策用にネットを張るなどの工夫がこらされている。また、集落の女性たちは共同の作業場を設け、余剰農作物を材料にお菓子を製造・販売する事業をはじめた。活動に必要な財源にはコミュニティ開発の補助金が活用されている。これらの取組みは一定の収益を挙げることに成功し、県から表彰された。住民の表情も明るい[10]。今後の目標は、貧弱な灌漑施設を改善すること、お菓子販売の借り店舗を集落所有にすることであるという。同様の試みは他の集落でも散見される。

確かに、こうした事業によって得られる収益はささやかなものであり、ドラスティックな消費生活の変化に対応しうるものかどうかは心許ない。発展途上国では日常的必需品と耐久消費財の価格差は先進国の場合よりもはるかに大きく、そのためローン経済が急速に普及しつつある。しかしバイクや携帯の普及にしても、それは家計に負担をもたらす一方で、就業機会や流通販路の広域化を可能にするという点で新たなチャンスをもたらすものでもある。農業の維持、改善を図りつつ、食品加工を中心とした雑業を新たに取り入れて農村経済の多角化を図ろうとする動向も、長く停滞した状況を余儀なくされてきたアチェでこれまでにはみられなかった変化として評価されるべきであろう。

いずれにせよここで強調しておきたいことは、長きにわたって続いた従来の飛び地的資源開発が後景に退き、バンダアチェを拠点とした州経済の再編が模索されているというのが、今日のアチェが直面している大局的な状況であるということである。それは、地方の局所的開発と中央や外国資本が直接的に結びつき、国内の地域的な経済連関が欠如しがちであった発展途上国の経済システムにおとずれた構造変動の胎動として捉えることができよう。もともとこうした動向は趨勢的にすすんでいたものではあるが、災害の発生および災害後の復興過程は、こうした本来の意味での地域開発を進展、加速させる契機として機能したと意味づけることができるのではないか。

6. 結びに代えて

　本稿ではアチェにおける災害脆弱性の遠因を、スハルト時代の局地的資源開発やその矛盾に遡って把握することを試みた。そうすることで、これまで紛争地の特殊事例として捉えられがちであったアチェの災害研究を、発展途上国に特有の一定の普遍性をもった社会過程と関連するものとして捉え直そうとした。確かに、紛争の経験が今日のアチェ社会にどう刻印されているかの検証は今後の重要な研究課題であるが、問題として重要なのは紛争そのものではなくそれが惹起された社会背景なのであり、その点でアチェは何ら特殊な事例ではないのである。

　災害後の被災地でみられた旺盛な出生に基づく人口回復や簡素なインフラの迅速な復旧にしても、発展途上国が強いられてきた「二重経済」の現れとして捉えることができるのかもしれない。このことが災害からのレジリエントな復興――少なくともコミュニティに活力をもたらしているという点で――に寄与したということは意図せざる帰結といえるだろう。社会的文脈は異なるが、災害復興の基底に家族の再建があることに目を向けさせる点では、科学技術的な安全性に偏重しがちな日本の防災システムにとっても示唆を投げかけるものであるように思われる。

　最後に、災害復興をよりマクロな経済変動との関連で捉える視座の重要性を主張した。確かに、災害によって生じた復興格差の長期的な検証や、災害後に防災が地域の文化や土地利用にどう反映されていくことになるのかの検証といった災害社会学に固有の研究課題は残る[11]。しかし、災害からの復興が地方都市・農村間の経済的機能連関の構築という課題と連動して進展していることに着目することは、これまで往々にして首位都市と農村集落に研究対象が分裂しがちであった発展途上国の地域研究にとっても重要な意味をもつものである[12]。その意味で、アチェにおける災害復興は地域社会学的研究の現代的課題でもあるのである。

注
(1) 調査対象地は上記1市3県の津波到達エリアと500メートルの緩衝地帯に含まれる全ガンポン（島嶼部を除く）の中から40%を無作為抽出した。実施時期は2016年11～12月、調査法は訪問、面接法である。訪問調査の実施にあたっては地元シアクラ大学の協力を得た。

(2) 東南アジア社会の「停滞性」が近代以降の外発的開発によって新たにもたらされた側面があることについて、戸谷の先駆的研究（戸谷1973）を参照のこと。
(3) スマトラ地震によってアチェで生じた経済的被害の推定額は約45億ドルであり、それによって2005年のインドネシアのGDPは0.1～0.4%減少したにすぎず、国内のサプライチェーンやグローバル経済に与えた影響も軽微であった (UNDP 2010)。
(4) なお災害後の社会動態に関してみると、バンダアチェをのぞく3県では災害前後で集落の住民構成における親族割合がほとんど変わっていない（表2参照）。人口の減少分が新たな出生と同時に他出していた親族の帰還によって補われ、地域親族構造が再生産されたことがわかる。
(5) 本稿では全体としてスハルト期の外発的開発が慣習法秩序の存続を帰結させた側面を強調したが、震災後の国際社会との接触や紛争終結後の分権改革やグローバルな情報化の影響が慣習法秩序に変化をもたらしている面もある。ただ、現時点ではそうした変化の内実を十分には把握できていない。震災後のアダットの変化の側面（例えば、欧米文化の影響と伝統回帰志向の相克や、それの地域（都市・農村）間、階層間での現象形態）の解明は今後の研究課題としたい。
(6) コミュニティのこうした生存維持機能は発展途上国に特有のものと思われるかもしれないが、かつての日本でも同様のことが指摘されている。山口によれば、明治三陸沖地震で壊滅的被害を受けた漁村集落ではイエの人脈を動員することで再建が図られた（山口2011）。
(7) 住宅再建過程への住民参加がコミュニティの現状評価と有意な関連性をもっていたという知見は、国家主導の日本の防災行政の相対化という点でも有益な示唆を与えるものである。
(8) 現地調査の調査地の選定はサーベイ調査の対象地の中から選定し、量的調査結果の質的意味の検証を試みた。後述のアチェバラートの調査事例についても同様である。
(9) 北アチェ県とロスマウェは資源開発地として一体的なエリアをなしている。もともとロスマウェは北アチェ県の一地区であったが、1986年に特別市として独立した。北アチェ県で天然ガスを採掘し、ロスマウェの工業地帯で液化処理や各種加工が行われている。
(10) アチェにおけるコミュニティ開発事業についてはMahdi (2013)を参照。それによれば、新しい参加制度はコミュニティ活動を活性化している一方で、事業の選別や実現可能性については専門技術的な知識が要求されるため、提案が必ずしも政策に反映されないことが課題とされている。紛争終結が被災地にもたらしている影響については西（2014）も参照のこと。
(11) この点に関する分析は東日本大震災との比較も視野に入れて別稿で行うことにしたい。
(12) 首位都市と農村の媒介項として地方都市の機能に着目した先駆的な都市社会学的研究として古屋野(1987)を参照。こうした理論枠組はその後の発展途上国研究で必ずしも継承されなかったが、分権化が進む現代的文脈において新たな意義を帯びてきているように思われる。

文献

Boeke, J. H., 1953, *Economics and Economic Policy of Dual Societies.* 永易浩一訳, 1979,『二重経済』, 秋菫書房.

Clarke, M. and Murray, S., 2010, The Voices of International NGO Staff. Clarke, Fanany and Kenny eds., *Post-Disaster Reconstruction: Lesson From Aceh,* Routledge, 155-185.

Emmerson, D. K., 1983, Understanding the New Order: Bureaucratic Pluralism in Indonesia, *Asian Survey,* Vol.23, No.11, pp.1220-1241, University of California Press.

林武編, 1976,『発展途上国の都市化』, アジア経済研究所.

Hewitt, K. eds., 1983, *Interpretations of Calamity,* Allen and Unwin.

Hurgronje, C. S., 1906, *De Atjehers.* Translated by the late O'sullivan, W. S., 1906, *The Acehnese,* AMS Press Inc.

◆論　文

Husin, T. and Alvishahrin, T., 2013, Role of Community and Communal Law of Aceh in the Great Sumatra Earthquake and Tsunami Recovery,『国際協力論集』Vol.21 (2/3), 63-79

Kell, T., 1995, The Roots of Acehnese Rebellion, 1989-1992, Cornell Modern Indonesia Project.

金光男, 2011,「アチェの資源開発と紛争に関する一考察」,『ユーラシア研究』第8 (第1), 155-185.

北原淳, 1985,『開発と農業』, 世界思想社.

――, 1989,『東南アジアの社会学』, 世界思想社.

古屋野正伍編, 1987,『東南アジア都市化の研究』, アカデミア出版会.

Mahdi, S., 2012, Factors Determining the Movements of Internally Displaced Persons(IDPs) in Aceh. Daly・Feener・Reid eds., *From the Ground Up: Perspectives on Post-tsunami and Post- conflict Aceh,* Institute of Southeast Asian Studies, 132-155.

Mahdi, S., 2013, Interests versus Needs: Democratic Space in Physical Planning. Mahdi, S. and Nurdin, R. M. eds. *Local Democracy in Post-Conflict Society,* 187-234, ICAIOS.

西芳美, 2014,『災害復興で内戦を乗り越える』, 京都大学出版会.

Older, M., 2015, When Is Too Much Money Worse Than Too Little? Giving, Aid and Impact After the Indian Ocean Tsunami of 2004, Shaw, R. eds. *Recovery from the Indian Ocean Tsunami Disaster,* Springer.

Oliver-Smith, A., 1986, *The Martyred City,* University of New Mexico Press.

Rist, M., 2010, The economic development of Aceh since 1945, Graf A., Schorter S., Wieringa E. eds., *Ache: History, Politics and Culture,* 99-119, ISEAS Publishing.

Robinson, G., 1998, Rawan is as Rawan does: The origins of disorder in new order Aceh, *Indonesia* 66, 127-156.

Samuels, A., 2012, Remaking Neighbourhoods in Banda Aceh. Clarke, Fanany and Kenny eds., *Post-Disaster Reconstruction: Lesson From Aceh,* Routledge, 210-223.

高橋誠・田中重好・木俣文昭編著, 2014,『スマトラ地震による津波災害と復興』, 古今書院.

Takahashi, M., Iga, M., Irfan, Z., 2017, Recovering Land-use-type Food Productions in Post-disaster Aceh, Takahashi and Muroi eds., *International Comparative Study on Mega-earthquake Disasters: Collection of Papers Vol.2,* 126-153, Nagoya University.

Telford, J., 2012, Disaster Recovery: An International Humanitarian Challenge?, Daly・Feener・Reid eds. *Ibid.* 25-39.

戸谷修, 1973,「東南アジア近代化論とその課題」,『社会学評論』Vol.24, No.2, 16-33.

United Nations Development Programme, 2010, Provincial Human Development Report Aceh 2010, UNDP Indonesia.

Wisner, B., Blaikie, P., Cannon, T., Davis, I., 2003, *At Risk,* Routledge.

World Bank, 2005, *Rebuilding a better Aceh and Nias.*

山口弥一郎, 2011,『津波と村』, 三弥井書店.

山本博之, 2014,『復興の文化空間学』, 京都大学出版会.

(付記)

　本稿は、日本学術振興会科学研究費補助金（基盤研究A）「多層的復興モデルに基く巨大地震災害の国際比較研究」（研究代表者・高橋誠）の研究成果の一部である。サーベイ調査はアチェ州のシアクラ大学と共同で実施し、とりわけ同大学講師 Irfan Zikri 氏には多大な協力を頂いた。ここに記して謝意を表します。

◆自著を語る

吉原直樹・似田貝香門・松本行真編著
『東日本大震災と〈復興〉の生活記録』
(六花出版、2017年、778頁)

吉原直樹

　最近、といっても本誌の前号（第29集）のことであるが、ひどい誤読の上にこれ以上ないと思われるほどに内容を捻じ曲げた挙句、きわめて一面的に「ポジション・トーク」をおこなっている書評に出会った。この場合、何よりも書評をおこなった側の貧困な読解力と論理構成力が問われなければならないが、同時にコメントされた側にある種の自戒する力／作法がもとめられているのもたしかである。さてこのコラムは「自著紹介」であるから、厳密にいうと、筆者はコメントする側にもコメントされる側にも立たないはずである。なぜなら、ここでとりあげる本書は、基本的には筆者もまたその一人として加わっている共同の作品であるからだ。しかしここでは、編集委員会の求めに応じて、形式的に代表者の役割を担い、多少とも自戒を込めて「自著を語る」ことにする。

　さて本書『東日本大震災と〈復興〉の生活記録』は、国の復興施策がちょうど集中復興期間から復興・創生期間へさしかかった時点での復興のありようを、被災者の生活世界のサイドから検証したさまざまな「モノグラフ調査」の結果を集成したものである。ここでいう「モノグラフ調査」とは、細谷昂氏がいう、復興が「何故、如何にして、このような姿になり、他のようにならなかったのか、という因果連関を、多面的、重層的に追及する」（『家と村の社会学』）調査のことであるが、それが執筆者全員にどの程度踏襲されているかは定かではない。しかし編み出された個々の作品が本書の共編者の一人である似田貝氏のいう「記録主義的モノグラフ」としての質を何ほどか担保していることは明らかである。またそれらが各人各様に被災者と向き合いながら、被災者の苦悩と絶望、そして希望をすくいだそうとして描きだされたものであることもたしかである。

　本書は、以上のような「モノグラフ調査」を基調音としている。そして全体として3部構成から成り立っている。第Ⅰ部（「さまざまな復興」）では、復興をいくつもの復興、すなわち「複線型の復興」（山川充夫）ととらえる視点に立って、復興の全体像といくつかの相を浮き彫りにしている。併せて、現実に進んでいる「創造的復興」の性格を明らかにしている。第Ⅱ部（「復興とコミュニティ・メディア・ネットワーク」）では、すぐれて「多管的」な様相を呈している復興のありようを、コミュニティの位相で説きあかしている。そして、コミュニティとコミュニティ施策が切り結ばれる場で、ガバメントとガバナンスが鋭く相克していることを浮き彫りにしている。そして第Ⅲ部（「復興支援と市民社会・ボランティア」）では、被災者に寄り添い、寄り添われるボランティアに底礎しながら、もうひとつのコミュニティから立ち上がる復興の風景を描き出すとともに、そこに伏在するコモンズの意味と前景化しつつある「市民社会」を読み解いている。本書は、同じ出版社から刊行した前著『東日本大震災と被災・避難の生活記録』の続編としてあるが、単なる続編ではない。3部構成のそれぞれの地層から、「被災者」が「大規模な開発」の前にたたずむ、村井吉敬のいう「小さな民」であるとともに、「新しい市民社会」形成にむけての「当事者主体」となり得ることを、微かながらも観望している。だから本書は、基本的には前著同様記録として

の作品集ではあるが、前著よりは確実に前にすすんでいるといえる。

　だが、本書が公刊されたものである以上、以上のような紹介／位置づけを離れて自由に読まれることを、ある程度覚悟する必要がある。しかも本書は、内に閉じられたディシプリンをめぐって構成された復興知への発信を主目的とはしていない。そしてそうであればこそ、せまい専門知から自由である読者によって思いのままに読まれる可能性があることを想定しなければならない。実はそこに、多様なディシプリンに足をおろしている本書の強みと弱みがひそんでいるのである。しかしそれを避けて通ることはできない。

　以下、多様な読者を想定した場合に、本書以降の課題になるであろうと思われる点を、さしあたり3点ほど指摘しておこう。1点目は、これまで被災地では一つに収斂できない復興の風景があることを指摘してきたが、そもそも復興の風景は被災者にとっては「生活の場」以外の何ものでもないという点である。筆者の見解では、復興の風景を「生活の場」から切り離して、あたかもそれ自体で存在するかのようにみなすのは、あくまでも「よそ者」の認識にもとづいている。言い換えると、復興の風景は「よそ者」が勝手気ままに被災者におしつけたものであるといえる。だから、認識論優位に立つ復興の風景は、いったんは被災者と「よそ者」が、ハイデガーのいう「世界内存在」と向き合う空間構成の次元において「脱構築」する必要がある。その点でいうと、「よそ者」であるボランティアが被災者と往還し、両者が異他的でありながら共感的一体化する世界をさまざまに描いている本書の第Ⅲ部をさらに読み込むことがもとめられよう。

　2点目として指摘したいのは、復興を時間持続の相でとらえることの重要性である。ただし、この場合に時間持続において見据えられるべきは、復興がある次元から別の次元に直線的に進む／動くといったことだけではない。被災者のさまざまに分岐し複層化するいくつもの生活の並立にあわせて複数の時間が併進するということも視野におさめられるべきである。やや図式的なとらえかたになるが、大沢真理のいう「大文字の復興」は前者の時間世界に、そして筆者のいう「小文字の復興」は後者の時間世界にねざしている。とはいえ、復興のダイナミズムは、どちらかが凌駕するのではなく、二つの時間世界がせめぎあうところから派生すると考えられる。

　最後に指摘したいのは、復興の〈現在性〉をより広い歴史的スケールのなかで位置づけなおすことの必要性である。記録としての作品集が単なる資料的価値をこえて息を吹き返すのは、「いま」、「ここ」のリアリティとアクチュアリティが露出する場であり、それらをより包括的な枠組みに組み入れる歴史的な審級においてである。残念ながら、本書ではそれはまったく未遂のままに終わっている。

　いずれにせよ、本書が果たすことのできなかった課題として、少なくとも以上3点にたいして十分な説明をおこなうことが求められよう。

　なお蛇足ながら、冒頭で触れた書評では、末尾において「厳密な実証に基づくデータの積み上げ」が強調されている。そのこと自体、フィールドの現場では言わずもがなであるが、それが認識論優位の立場に立っているかぎり、ある種の政治性／権力性を帯びざるを得ないことを深く認識すべきである。

追記：筆者は本書の編者のうちの1人であるが、本稿は、あくまでも筆者の個人的見解にもとづいて執筆したものである。

◆書評

加藤泰子著
『高齢者退職後生活の質的創造──アメリカ地域コミュニティの事例』
(東信堂　2016年)

田中里美

　本書は、高齢者の生活の質をテーマに、アメリカの4つの地域コミュニティで筆者が行った事例研究を中心として構成されている。事例研究には、大都市郊外住宅地を対象として『日本都市社会学会年報』に掲載された2本の論文が含まれている。2012年に同志社大学に提出された博士論文をベースに、コミュニティ政策学会のコミュニティ政策叢書の第2巻として出版された書である。以下まず内容を紹介する。

　序章では、アメリカの高齢者に関する基礎データが記述されるとともに、本書の研究視角が構成される。本書が研究の主題としている高齢者の生活の質はこれまで、社会老年学の分野において研究されてきた。その構成要素として取り上げられてきたのは、高齢者の健康度および社会経済的地位によって測定される「個人の状態」、社会的および物的側面からとらえられる「環境条件」、これらに対する高齢者の「評価結果」(主観的幸福感)である。筆者は、このうちの社会的、物的環境条件として地域コミュニティに注目する。そしてこれを老年社会学における活動理論に接合し、"高齢者は、退職や伴侶の死などによって、中年期に担ってきた役割を失ったのち、地域コミュニティにおいて、多世代との交流を通して新たな役割を獲得し、サービスの受け手であるだけでなく、与え手になることで、肯定的な自我意識を維持し、生活の質を保つことができる"という視点を構成する。

　筆者は、アメリカの4つの地域コミュニティを訪れ、そこで暮らす高齢者を対象に、それぞれの地域の物的環境条件として居住性、社会的環境条件として社会的交流活動についてインタビュー調査を行い、この結果を上記の視点から分析していく。調査にあたっては、自らの居住地を選択できる社会経済的階層として、ミドルクラスの高齢者を対象とした。これらの高齢者は、健康で、退職後(生涯、専業主婦だったわけではない)という条件を満たしている。これにより、生活の質の構成要素のうち、「個人の状態」がそろえられている。調査対象となった地域コミュニティは、(1)「大都市郊外住宅コミュニティ」(スモールタウンの再現を企図したタウンプランニングに基づいて作られた計画住宅地)、(2)「大都市都心コミュニティ」(超高層マンション)、(3)19世紀半ばにオランダ系移民によって建設された「地方のスモールタウンコミュニティ」、そして、(4)市町村ほどの大規模な「高齢者コミュニティ」(退職者のみが集住するリタイアメント・コミュニティ。ゲイテッド・コミュニティとしての特徴を持つ)である。(1)から(3)までは、順に22人、16人、12人の高齢者にインタビューを、(4)については、居住者に対する調査は実施せず、(1)から(3)の調査対象者を含む高齢者36人を対象として、インタビューおよび質問紙により、将来の「高齢者コミュニティ」での居住希望を尋ねる調査を実施した。

　1章から4章では、上記4つの地域コミュニティで行われた事例調査の結果が取り上げられる。それぞれの章で、まず地域コミュニティの特徴が描かれ、事例研究の知見が提示、分

析される。大都市郊外の計画住宅地では、タウンプランニングという物理的環境要素、住民組織が創出した地域行事という社会的環境要素が、高齢者の役割創出に寄与している。大都市都心の超高層マンションに暮らす高齢者は、郊外の一戸建て住宅から引っ越してきた者が多く、日常生活に必要なものへの近接性および、住宅管理の軽減に価値を見いだしている。社会的交流活動の中では、居住地域を超えたより広い社会で、幅広い世代に対する貢献的活動を行い、主体的役割を担っている。これとともに、社交的活動、学習活動を通した同質的結合から満足感を得ている。スモールタウンでは、高齢者の身近に、子ども、親、親族が住んでおり、社会的交流活動の主要な部分は親族との交流に占められている。ここでは中年期から高齢期にかけての役割の断絶が顕著に生じず、役割の継続や自然な移行がみられる。最後に、高齢者専用のゲイテッド・コミュニティであるリタイアメント・コミュニティでは、高齢者は、その物理的環境要素と関連して、利便性、安全性を得ている。一方、高齢者のみが居住する地域であるため、主体的役割を伴う貢献的活動に乏しい。終章では以上の知見があらためてまとめられ、高齢者の生活の質を高めるのに必要なものが整理される。

　本書はこのように、筆者がアメリカの大都市都心および郊外の複数の地域を訪ね、計50余名の高齢者の家に赴き、日常生活を聞き取った調査を元に書かれている。筆者が、社会老年学の先行研究をふまえ、高齢者に準拠して構成した視点のあてはまりのよさ（大都市郊外の計画住宅地）、あてはまりの悪さ（リタイメント・コミュニティ）、視点の前提（役割の喪失）の認めにくさ（スモールタウン）、部分的なあてはまりのよさ（大都市都心の超高層マンション）によって、各地域の特徴が明らかにされている。高齢者を起点に、アメリカの地域の特徴を描き出しえている点が本書のおもしろさである。

　さて評者は上に、あてはまりのよさ、悪さと書いたが、各地域の高齢者の生活の質に対して筆者が行った分析、評価は、大都市郊外の計画住宅地以外では、それほどすっきりしたものではない。例えば4章で取り上げたリタイアメント・コミュニティに対しては、「（これが）高齢者住民にもたらしているのは、顕在的なサービスの提供と同一世代間の同質結合関係の促進であり、社会的な役割の供給ではな」く、「高齢者が生活の質を高めることへ全面的に寄与するには限界がある」（255頁）、「（他の3つと）並列に位置づけて比較考察することも適当ではな」いとしつつ、「高齢者コミュニティのもつ意味は大きい」（256頁）としている。本書が構成してきた視点からは評価できないが、実態として無視できない需要がある地域コミュニティに対して、「米国で半世紀も前から高齢者コミュニティが発達してきたことは、自立を重んじる米国人の文化的価値観が大きく影響していると考えらえる」（同上）として、あらたに「自立」という価値観を説明に用いている。終章においても「自立」という価値観は、アメリカの高齢者の柔軟な住居の移動の根底にあるものとして言及されるが、たとえば「他者への貢献が常に生活のテーマの一定部分を占め、自立生活ができなくなった場合の生活形態への志向も自立の価値観を反映したものだった」（272頁）といった一文に見られるように、それが指す内容は必ずしも明瞭とは言えない。本書が構成し、各地域の分析に用いてきた視角との関係についてももう少し検討があればと思った。

　日本においても、都心のタワーマンション、郊外のサ高住、CCRCなど、高齢者の居住の選択肢が増えてきた。日本でも今後、この分野の研究の発展が期待される。

書　評

細谷　昂著
『庄内稲作の歴史社会学——手記と語りの記録』
（御茶の水書房　2016年）

　　　　　　　　　　　　　　　　　　　　　　　　　　　小内純子

　本書は、著者が2012年に上梓した『家と村の社会学　東北水稲作地方の事例研究』（御茶の水書房）と姉妹編の関係にある。前書が973頁、本書が571頁、両書で1500頁を超える大部の作品で、まさに著者の長年にわたる庄内稲作研究の集大成といえる。前書が家と村を主題とするのに対し、本書では、家と村は背景におき、稲作そのものが主題とされる。「はじめに」には、「何時、どんな人々が、どんな努力と工夫を積み重ねて、この庄内稲作を作り上げてきたのか」が主題であると書かれている。著者は、それを手許にある文書資料や語りの記録をできるだけ著者自身の解釈や整理を施さずに記載することで果たそうとする。

　本書は、「はじめに」「おわりに」の他、14の章からなり、「家、村以前」から今日までの庄内稲作の展開過程が考察される。全体の構成は以下のとおりである。

　第1章と第2章では、文書等をもとに「家、村以前」から江戸時代までが考察され、庄内に「家」と「村」が形成された時期が検討される。その結果、元禄年間（1688〜1704年）の頃に家が成立し、同時に家の生産と生活を支える村が形成されたことが導き出される。

　第3章と第4章では、明治農法が検討される。地租改正により私的所有が明確化し、乾田化が目指される。乾田化は馬耕や肥料・品種の改良を進め「明治農法」の形成を促す。明治農法は、明治末から大正初めの耕作農民による耕地整理によって確立される。

　第5章は、耕地整理が招いた小作争議についてである。小作の取り分の減少を契機とした庄内小作争議の第一幕は「義挙団」側の全面勝利で終わり、それ以降、全国的な農民運動に呼応する第二幕へ移行する。小作争議の担い手は自小作中大規模経営層であった。

　第6章では、昭和恐慌、戦争、敗戦の時期における3つの稲作研究グループ（松柏会・東亜連盟・農村通信）による「会」の活動が紹介される。米づくりへの情熱に裏打ちされた個人の自由意志に基づく活動であり、こうした組織づくりは庄内農民の得意とするところである点が強調される。

　第7章と第8章は、2回の交換分合の考察である。まず北平田村曽根の「常会日誌」を用いて、戦時下の労働力不足に対応して村ぐるみで取り組んだ第1回目の交換分合が、次いで戦後の農地改革による交換分合が検討される。庄内では戦時下に形成された自小作上層中心に改革が進められ、その結果、戦前より一回り小粒化した新しい自作上層の厚い層が形成される。この層が戦後の庄内農業の担い手となる。

　第9章では、2人の古老が残した文書によりながら明治・大正・昭和の農作業の変遷が考察される。次いで、佐藤繁実の調査結果報告書をもとに上層農家の農業労働力構造（原基形態）が分析され、農業労働力の序列化が生活面にも反映していたことが指摘される。最後に、村に存在した部落会、鍬頭協議会、若勢会の職能分化が考察され、このうち鍬頭会協議会は、その後系統農会の下部に「実行組合」として制度化され、戦後、「生産組合」に再編

されていく。

　第10章と第11章では、構造改善事業の「酒田方式」と水稲集団栽培が取り上げられる。戦後暫くは積極的なコメ作りが展開されるが、高度経済成長期には農業労働力の流出が進み、新たな対応を迫られる。その１つが共同化であった。農基法以前から始まる共同化の動きは、1966年以降に本格化する構造改善事業と結びつき「酒田方式」を生み出し、水稲集団栽培に繋がっていく。ただし、1970年代半ばには、個別化志向が強まり解体化へ向かう。

　第12章の対象は、集団栽培の時期に進行した大規模な土地基盤整備事業である。それは庄内稲作の耕地条件を大きく変革し、水管理作業を簡素化し、農作業を軽減したが、工事費負担が重くのしかかる状況を生み出した。

　第13章では、遊佐町上小松部落における法人化協業組織の試みが紹介され、次いで、遊佐農協と生活クラブ生協との提携について取り上げられる。

　終章では、第１節で、文書資料「庄内米づくりの順序」により、明治から現在までの庄内米づくりの変遷が総括される。第２節では、改めて「家」と「村」の成立時期とその定義が確認され、最後に昭和期に庄内各地に形成された「会」の存在が強調される。著者は、その点に庄内稲作農民の自立性と「民主主義」をみているのである。

　紙幅の関係から内容を十分に紹介することができなかったが、本書を読み進む中で、文書資料や語りの記録の後に記された著者の簡潔で的確な解説が導きの糸となって、「家、村以前」から今日までの庄内稲作の形成過程が脳裏に刻まれていく感を覚えた。元禄年間に成立した「家」と「村」が様々な出来事に対応しながら脈々と続いてきたこと、そこには庄内農民の内なる推進力があったこと、それが「酒田方式」や集団栽培を生み出し、やがて解体していく過程が鮮やかに浮かび上がった。まさに、農村社会学・地域社会学における金字塔をなす成果である。

　最後に、書評する者の責務として、十分に理解できなかった２つの疑問点をあげておきたい。１つは、現代の庄内の「家」や「村」の評価についてである。例えば、著者が2013年に訪ねた林崎部落は、生産組合員18戸、非農家25戸、後継者世代の農業専従者２名で、入作23戸が面積の３分の１を占める状況であったという（498頁）。こうした段階における「家」と「村」をどう理解したらいいのだろうか。「家」に関しては、『社会学評論』(Vol.56, No.1,2005年)や『村落社会研究ジャーナル』(No.44,2016年)の掲載論文で触れられているが、とくに「村」についての言及は少なく確信は得られなかった。もう１つはジェンダーに関してである。著者は男性支配という「家」概念を批判し、「農民の家は、イデオロギーではなく、生産と生活の共同の組織として、その実態に即したもっと実質的なもの」(263頁)であるとする。同じ章では、いくつかの「会」の活動が紹介され、そこから庄内農民の自立性や「民主主義」が指摘される。だが、その「会」の活動はいずれも男性によるものであった。実質的な「家」の内部にも、こうした自立性や「民主主義」的な側面はあったのであろうか。著者が、近年、直売所経営などの女性の活動に関心領域を広げているゆえに敢えて伺ってみたいと感じた点である。

　筆者の力不足もあり、半世紀に及ぶ著者の成果を十分に紹介できなかった。是非、多くの方が実際に手にとって、この重厚なモノグラフィー研究と格闘して頂きたい。

書　評

富永京子著
『社会運動のサブカルチャー化──G8サミット抗議行動の経験』
(せりか書房　2016年)

西城戸誠

　本書は、2008年G8洞爺湖サミットにおける抗議行動を対象として、「出来事」である抗議行動と、その出来事に参加する人々の「日常」との関係について、「社会運動サブカルチャー」という側面から実証的に考察している。個人の立場に焦点を当てて社会運動を分析する「経験運動論」を手がかりに、運動家たちが持つサブカルチャーから「居場所」化する日本の社会運動の分析を試みようとしている本書は、社会運動論の最先端の理論を援用し、膨大な聞き取り調査と運動家のネットワークに関する計量分析を行った重厚な実証研究である。少し前の社会運動理論までしか知らない評者にとって、本書の内容を十分に理解し評価することは憚られるが、G8洞爺湖サミットを調査、研究（野宮・西城戸編，2016）した際に得た現場感覚も踏まえて、以下、本書の特徴と内容に関するコメントを行いたい。
　第一に、本書ではG8サミット抗議行動をフロントステージ（サミット抗議の実際）とバックステージ（サミット抗議の準備）の2つの側面に分け、また、抗議活動に参加する人々の日常を、普段の社会運動と普段の生活に分けて、両者とも「出来事」（フロントステージ／普段の社会運動）と「日常」（バックステージ／普段の生活）において活動家が、「社会運動サブカルチャー」に基づいて行動していることを明らかにしている。この理論枠組みを踏まえて、本書ではサミット抗議の準備、活動家の日常について聞き取り調査によるさまざまなエピソードが記載されている。運動への動員過程への説明を重視してきた従来の社会運動研究が積極的に記述してこなかった「日常」の様子は、社会運動を対象とした実証的な研究者であるならば、聞き覚えのあるエピソードも多く、現場のリアリティを共有することができる。特に第6、7章からは、G8サミットに集まった国内外の活動家のさまざまな日常への理解を「運動サブカルチャー」の記述から深めることができた。
　第二に、G8洞爺湖サミットへの抗議活動に関わった人々への調査アプローチに関しては、本書の書評を行った中筋（2017）は、調査対象者の性別が偏っていること自体を検討すべきだと指摘している。サミットへの抗議活動に関わった個人、組織を包括的に把握することがそもそも難しく、対象者の偏り自体を把握することも困難であるが、濱西（2016）によるG8洞爺湖サミットプロテストの全体像の把握と、評者の現場感覚を踏まえると、本書では、相対的に聞き取り調査へのアクセスが難しい対象者への調査（一人あたり1-5時間）も実施されていることがうかがえる。この点は評価できると思われる。
　また、G8洞爺湖サミットの運動に限ったことではないが、運動の実態把握のための調査は、運動当事者からすれば──特に当局に対しての抗議が主な運動において──公安警察と同じ営みに見られがちである。実際にG8洞爺湖サミットの時期に実施されていた多様な運動組織に関するアンケート調査は、サミット抗議に関わっていた当事者からは警戒されていたことを耳にしたことがある。したがって、評者らはG8洞爺湖サミットに対する抗議活動の調査に際しては「メディアアクティビスト」として活動し、調査研究と運動への実践とい

うことを試みた。逆にそうでなければ、国内外の活動家に受け入れられないという感覚があった。本書での調査はサミット後に行われたにしろ、関係者への膨大なインタビュー調査が実施されていることに凄みを感じる。

第三に、本書では、さまざまな理論的スタンスがある社会運動研究の潮流をレビューし、最新の研究動向を紹介している。だが一方で、さまざまな運動研究に対して本書の理論的スタンスとの相違点を重層的に指摘しているためか、理論的な位置づけに関する議論がやや錯綜している感も否めない。

社会運動研究は、本書でも引用されている濱西栄司の分類に従えば、「社会運動」と同定された社会的事象の因果的メカニズムを説明するアプローチ(「動員論的運動論」)と、社会的事象の意義を「社会運動」を中心とした概念枠組みに基づいて解釈するアプローチ(「行為論的運動論」)に大別される。そして、濱西は、＜社会運動の方法論的区分を説明変数の違いと誤解して、経験運動論などの解釈理論を誤って機能主義的集合行動論や資源動員論などの説明理論に素朴に接続してしまうことのないように＞と警告している(濱西, 2017: 65)この指摘を踏まえると、本書における「経験運動」と「運動サブカルチャー」は「説明」もしくは「解釈」のための概念なのかが、疑問に残る。

さらに、本書では従来の「社会運動と文化」に関する議論が、運動の動員に影響を与える文化的要因だけを変数として取り上げる傾向があることを指摘し、運動家の「日常」から「運動サブカルチャー」を記述することが提唱される。したがって「個人に存在論的意味を与えてくれる場として社会運動を解釈する立場をとると、社会運動研究は限りなくサブカルチャー研究に近づく」(稲葉, 2016: 247)という指摘があるように、本書は社会運動研究というよりも、サブカルチャー研究であるという位置づけになるのかもしれない。もしサブカルチャー研究であるならば、中筋(2016)が的確に指摘しているように、都市社会学の下位文化論が議論されていない点も気になる。一方で、社会運動論としての位置づけならば、動員に影響を与えないサブカルチャーの記述をどの範域でどのように行うことができるのか、それが運動研究にどのように寄与するのかを明確に述べる必要があるのではないか。

もっとも「基本的に社会運動論は、組織と個人を混同して論じてきた」(本書310頁)という指摘にあるように、社会運動における「個人」の位置づけに関する議論を呼び起こしたことは重要である。そして、組織的な動員ではなく「個人」の集まりとして運動が注目される中で、本書が社会運動研究においても文化研究においても議論の喚起をもたらすことになるだろう。

【引用文献】
濱西栄司, 2016,「サミット・プロテストの全体像とメカニズム」野宮・西城戸編所収
濱西栄司, 2017,「構築主義と社会運動論」『社会学評論』68(1): 55-69.
稲葉奈々子, 2016,「分野別研究動向（社会運動）——失われた敵対性と「さまよう主体」のゆくえ」『社会学評論』67(2): 238-252.
中筋直哉, 2017,「書評　富永京子著『社会運動のサブカルチャー化—— G8サミット抗議行動の経験分析』」『社会学評論』68(1): 166-168.
野宮大志郎・西城戸誠（編著）, 2016,『サミット・プロテスト——グローバル化時代の社会運動』新泉社

書　評

山下祐介著
『「布嘉」佐々木家を紡いだ人たち』
（青函文化経済研究所　2016年）

庄司知恵子

　本書は、慶応三年、青森県五所川原に勃興した佐々木家・屋号「布嘉」の五代に渡る歴史を辿る事により、中央に対し周縁に置かれた青森の近代化のダイナミズムを描き出している。その意味で、本書は「津軽という日本の周縁にある地域の、中央日本に対する適応史であり、あるいはまた抵抗史」(20頁)といえよう。著者が、この「布嘉」を題材に津軽・青森の近代化の物語を描き出す事になったきっかけは、「布嘉」五代目であり、「コンパクトシティ」に代表される都市政策を進めてきた「平成の名市長」佐々木誠造元青森市長の依頼によるものであった。「依頼」によるこの仕事が、結果として479頁にも及ぶ大著となった背景には、恐らく筆者が、誠造氏の類稀なる先見性を持った政策遂行力と、そこに脈々と受け継がれてきた「布嘉」の生き様に惚れ込んだ結果であろう。この点から本書を捉え直したとき、本書は単に「佐々木家」の歴史を辿るものではなく、明治・大正・昭和・平成の各時代を縦糸とし、そして五所川原、青森、中央につながる「布嘉」の営みを横糸として紡ぎだされた青森の近現代史ともいえる。

　本書は、緒言・結びを置き、本論は四章構成となっている。まずは、本書の内容について触れ、「布嘉」の歴史をみていきたい。初代・佐々木嘉太郎が、明治中期、津軽・五所川原に呉服商として商売をスタートさせたところに「布嘉」の歴史が始まる。本書を貫く視点は、緒言冒頭にある「『家』が『人』をつくり、『町』をつくる」(16頁)というものであり、筆者は「私たちが今いるところ」を「家」を通してみることにより、「地方消滅」「人口減少」が語られる「地方」の今後を見据えることが可能となり、その重要性を「布嘉」を通して指摘する。「布嘉」は、青森県の近現代史を辿る上で、そこここに登場し、「家（＝家憲　二、慈善ヲ旨トシ陰徳ヲ重ンジ公共ノ為ニ専ラ力ヲ尽クスベシ）」(39頁)に従い生きてきた家人たちが、時代の要請に適したエージェントとして輩出され、結果として五所川原を、そして青森県を作り上げてきたというのが、この本の物語である。

　初代・嘉太郎は、天保12年、金木村の農家に長男・中村一太郎として生まれた。五所川原の呉服商に丁稚奉公に出た際、五所川原の商人・布屋・佐々木喜太郎によりその才覚が認められ、喜太郎の妹婿となる（安政5年）。その後、佐々木嘉太郎として名を改め、幕末の動乱期に経営の独立を果たしたことが、「布嘉」の始まりである。初代・嘉太郎は、分家を進める事により横に磁場を拡げ、更に、条件の悪い土地も含め600町歩にも及ぶ農地を買い占め、大地主となっていく。農地の改田を積極的に進め、豊かになった農民が消費者として呉服商を繁盛させ、その後、津軽の交通、金融事業へと展開する事となる資産を築いていった。そこには、総合的な地域開発の視点の存在を指摘できよう。婿養子である二代目・真平は家督を継ぐことなく42歳で亡くなる。初代・嘉太郎が進めてきた津軽の交通・金融事業を大きく展開させたのは真平長男、三代目・嘉造であり、二代・嘉太郎（明治12年生）である。彼は、初代・嘉太郎が興した呉服屋稼業から金融業へと「布嘉」の看板を掛けかえ

た。戦後、農地改革により資産を奪われる事となるが、既にその資産を青森県内の鉄道の敷設、県内銀行の設立維持とその統合、電力事業の開発、文化財保護に投じ、自らの役割を公共人としての事業家に特化させていく。更に、先妻死後、後妻として入った栄枝（明治政府の主要役人へと引き上げられた弘前藩士の一人田中坤六を父に持つ）により、東京とのネットワークが拡がる事になる。その恩恵を受けたのが、四代目・彰造（明治35年生）であった。彰造は、これまでの当主と比べると、その行いは「布嘉のアンサマ」として、表される。彰造は早稲田大学卒業後、青森銀行（二代・嘉太郎が築いた佐々木銀行と合併統合）に勤めながら、趣味である車とスキーに興じる。とはいえ、その趣味の楽しみ方は、一人で行うのではなく、旦那衆と共に楽しむことを是とし、そこで培われたネットワークが「布嘉」を支える資源となり、戦後、青森に居を移した後、「青森自動車部品株式会社」の経営として結実する。「布嘉のアンサマ」としての彼の性格は、時代の荒波の中で「布嘉」を、縦と横に繋ぐ際に重要な役割を果たした。そして五代目・誠造（昭和7年生）へと、「布嘉」の営みは受け継がれていく。誠造は、モータリゼーションの波に乗り、自動車販売を手掛ける中で、雪国であるが故の交通の不便さ等、公共的な課題解決へと邁進する。結果、青森市長としての総合的な政策「コンパクトシティ」を遂行し、循環・持続・協働・自立を掲げ、青森市政を20年担った。そして、「布嘉」の歴史は六代目に引き継がれ、新たなページを紡ぎ出そうとしている。以上が、「布嘉」の歴史である。

　本書を読み終わって思う事は、家の歴史に留まらず、公の歴史として「布嘉」を語った筆者の視点の卓越性である。地方で調査をすると、その土地の名家の歴史に触れる事がある。そこでは、中央との繋がりを巧みに利用し、その一方で、筆者が「布嘉」の営みから見出した「民族資本」＝「地域の磁場の資本」(403頁)により支えられている営みの戦略性が随所で確認される。それは長い時間をかけて作り上げてきた「民族資本」を確固たるものとし、中央から来る荒波を「地元の論理」(403頁)の波に乗せ、困難を我が物とする巧妙さともいえる。しかしながらその様子は、ファミリーヒストリー（家の歴史）に留まり、パブリックヒストリー（公の歴史）として語られる機会を得ることは多くない。その理由は、やはり中央に対し周縁に置かれた地方に注がれる「遅れ」としての視点がある。その視点が、地方を舞台とした家の営みの中に、社会を作り出していく「先見性」を見出す事を困難とさせている。本書が、「布嘉」の歴史を、パブリックヒストリーとして捉えるに至った背景には、筆者が昨今取り組んできた地方と中央の関係性を捉える作業と、日本社会の基層として「家」の立ち位置を捉える作業があったといえよう。日本社会を捉える上で、その基層として「家」を位置づけ、明示はされていないがネットワーク論、イノベーション論等、社会学的エッセンスが随所に散りばめられていることも、「布嘉」と「公」の接続の理解につながり、本書に深みをもたらしている。中央と地方との関係を地方側の視点に立ち捉える上で、是非とも、読んで頂きたい一冊である。

書　評

橋本和孝著
『失われるシクロの下で――ベトナムの社会と歴史』
（ハーベスト社　2017年）

二階堂裕子

　本書は、橋本和孝がベトナムの社会と歴史を社会学的に理解するため、1997年以降の19年間にわたって行った現地調査にもとづく包括的な研究の成果であり、精力的なベトナム研究の集大成でもある。近年、ベトナムは市場経済化と国際経済への統合を強力に推し進めており、高い経済成長を維持している。これにともない、ベトナムと日本の経済的・政治的・文化的関係はかつてないほど緊密となり、両国間の人の移動もますます大規模化している。しかしながら、著者が「はしがき」で述べているように、日本の研究者によるベトナムを対象とした研究は、歴史学や文化人類学などの領域で蓄積があるものの、日本語で記された社会学的な論考はきわめて少ない。しかも本書のように、ベトナムにおける社会階層の現状と課題、都市の貧困、植民地下における独立運動の展開、および宗教コミュニティ形成など、多岐にわたる社会状況を取り上げた総合的な社会学の研究書は、他に類を見ない。

　まず、序章で橋本は、政府またはベトナム共産党が社会のあらゆる活動を指導する当該国において、「《共同性》は国家的《公共性》に包摂された《共同性》であり、いわゆる『新しい公共』もその枠組を抜きにしては存立しえない」（pp.21-22）と述べ、ベトナム社会を捉えるにあたっての前提を明示している。次に、社会階層の分析を行った第1部では、ベトナム人社会学者ドーの社会階層研究にもとづいて、農村に市場経済が浸透していった過程を紹介し（第1章）、その後、ベトナム初のSSM調査をもとに行われた、同じくドーによる分析を軸としながら、現代ベトナムにおける社会階層間の不平等の増大について論じた（第2章）。また、こうした不平等は住宅状況に反映されており、とりわけ都市では貧困者の非合法住宅が顕在化していること（第3章）、その一方で、ベトナムの社会階層研究においては、階層分化が必ずしも問題視されてはおらず、すべての階層が経済活動に従事できる機会の創出が提言されていること（第4章）を指摘した。

　続いて、「貧困・都市の社会学的分析」と題する第2部では、まず、2000年代前半のホーチミン市を舞台に麻薬や売春という社会悪を描いた映画「バーガール」を題材として、消費主義と西欧化の進行がもたらした社会的リアリティについて検討を加えた（第5章）。それから、都市社会学者グエンの著書にもとづき、都市の貧困緩和政策よりも経済成長によって貧困層が減少しつつあること、ホーチミン市内で進む新都市地区の建設により際立った貧富の差としての空間格差が生じていることを明らかにした（第6章）。さらに、ハノイ市中心部の旧市街地に目を向け、人口高密度の住商工混住地域では、市場経済下にあっても相互扶助機能をもつコミュニティが存在し、濃密な人間関係が維持されていると述べている（第7章）。

　最後の第3部では、ベトナムに関する歴史社会学的な考察が展開されている。まず前半で、仏教寺院の門柱に書かれた「国家有永山河固」の意味が検討され（第8章）、私塾「東京義

塾」のテキスト『文明新学策』の分析により、20世紀初頭のベトナムにおける独立運動に日本の近代化論が与えた影響の大きさを指摘した（第9章）。さらに付論では、1902年発行の『日本維新三十年史』が『文明新学策』に何らかの影響を与えた可能性を議論している。後半では、ベトナム固有の新興宗教であるカオダイ教が、フランス植民地下における民衆運動として宗教コミュニティを形成した過程を辿り（第10章）、今日に至るまで、教育や福祉をはじめとする幅広い社会サービスを提供してきたと論じた（第11章）。

さて評者は、現在、日本で就労するベトナム人技能実習生の研究に取り組んでおり、彼らの出身国であるベトナム社会を多面的かつ俯瞰的な視点で捉えるべく、2011年よりベトナムでの調査を実施している。以下、こうした関心と経験のもと本書を読み直してみたい。

第1に、近年なぜ多くのベトナム人が就労を目的として海外へ渡航するのかを考察するうえで、本書から得られる示唆は多い。本書によると今日のベトナムでは、市場メカニズムや対外開放政策の導入を背景に、新自由主義的な競争原理が採用されるとともに社会主義原理の正当性が揺らいでおり、それらにともなう経済格差の拡大が著しく進行している。そうしたなか、都市におけるジェントリフィケーションによって誕生した「ゲーテッドコミュニティ」は、そこで生活する富裕層の存在を顕在化させ、地位上昇や所得増加に向けた人々の意欲をかきたてるシンボルとなるだろう。ここ数年、技能実習生の高学歴化が進み、来日の目的について、「現金獲得」のほか、「日本の技術の習得」をあげる人が増えているのも、このような都市空間の急激な変容と、おそらく深い関連がある。つまり、生き馬の目を抜くような競争の激しい社会のもと、地位達成に必要な能力や資質を身につける手段として海外就労を位置づける人が増加しつつあることを、示していると考えられる。

第2に、海外の中でもなぜ日本での就労を希望するベトナム人が多いのかについてである。移住システム論や、サッセンによる発展途上国人口の賃労働化の議論（Sassen 1988＝1992）を、ベトナム社会に援用することはもちろん可能である。しかし、これらに加えて、1900年代初頭に約200人のベトナム人青年が、フランス植民地支配からの独立に向けた活動家となるべく日本へ留学した「東遊（ドンズー）運動」の歴史も、決して無視できないであろう。本書によれば、帰国した青年らが開学した「東京義塾」は、当時のベトナムの若者の眼を海外へ向けさせる場所として機能し、ベトナムの近代化に少なからず影響を与えたという。東遊運動の理念と同様、「アジアの小国でありながら、経済発展を遂げた日本に学びたい」という声は、現在も技能実習生からしばしば聞かれる。外国による支配の長い歴史をもつベトナムの人々が、かつて独立の契機を日本に求めたという史実と、今日における日本での就労者の増加現象は、あながち無縁ではないように思われるが、深読みが過ぎるだろうか。

Sassen, Saskia, 1988, *The Mobility of Labor and Capital: A Study in International Investment and Labor Flow,* Cambridge University Press. ＝ 1992, 森田桐郎他訳『労働と資本の国際移動——世界都市と移民労働者』岩波書店.

書　評

武岡暢著
『生き延びる都市――新宿歌舞伎町の社会学』
（新曜社　2017年）

阪口　毅

　本書は、インナーシティ・新宿歌舞伎町をフィールドとして、「歓楽街」としての「地域社会」の維持と再生産のメカニズムを明らかにしたモノグラフである。著者の問題関心は、歌舞伎町が様々な「浄化」の働きを受け流しながら、「歓楽街」として存続し続けているという事実にあり、その説明変数を歌舞伎町というローカルな空間の特性に求めた（序章）。

　しかし探求の対象となる空間を名指すために、「地域」「地域コミュニティ」「地域社会」といった諸概念を無批判に用いることはできないと、著者は主張する。なぜなら既存の用法では、空間と「居住」「共同性」の観念が強固に癒着しており、説明変数となりうる「非居住」「非共同性」的な要素が捨象されてしまうからである。そのため著者は、「地域」を人びとの活動の立脚点となる「場」として、「地域社会」を「場」において実践される「諸活動の再生産」として捉え直すことで、主体の入れ代わりという流動性の問題を前提としながら、空間とそこで再生産される諸活動との関係を解明するための枠組を設定した（第1章）。

　著者は歌舞伎町が歓楽街として成立する歴史を概観した上で（第2章）、歌舞伎町という空間を、警察、自治体、ビルオーナー、不動産業者らの活動の焦点である「雑居ビルと〈地域〉」（第3章）、風俗産業の焦点である「雑居ビル内部の部屋＝店舗空間」（第4章）、民間パトロール、客引き、スカウトらの焦点である「ストリート」（第5章）の3つに分節化し、それぞれの領域で実践される諸活動のパターンを記述していった。

　本書の事例研究としての成果は、「地域社会」を諸活動の再生産として再規定することによって、「居住」「共同性」といった観念からこぼれ落ちる空間の要素を、「地域社会」存続の説明変数として析出したことにある。歌舞伎町の3つの領域で展開される諸活動相互の関連性を、著者は「媒介＝分離」という概念によって把握する（第6章）。例えば商店街振興組合は、行政機関の〈地域〉への介入の調整弁となり、不動産業者は、ビルオーナーにとって「不透明」な「雑居ビル」内のテナントとの仲介機能を担い、スカウトは、「ストリート」を介してキャストの流動性を生み出している。「媒介＝分離」は、歌舞伎町という「場」の「整序されずに流動する細分性の集積」がもたらす「不透明性」を資源として成立し、主体間のアクセスを調整することによって「場」の「不透明性」を維持する。こうして歌舞伎町の流動性と細分性は維持し続けられ、「歓楽街」は再生産され続けるのである。

　本書はまずもって、優れた都市エスノグラフィであり、「歓楽街」の風俗産業のみを切り出すのではなく、それが立脚する空間との関連を描いたという独自の価値を持っている。著者は否定するかもしれないが、流動性を前提とした共棲関係（敵対的なものを含む）と秩序形成というモチーフは、R. E. パークの都市コミュニティ論と共鳴するものであり、その意味で、本書は優れてシカゴ的なモノグラフであるといえる。しかし同時に、流動性の高さを社会解体ではなく社会構造の変数として捉えなおしたことに、理論的な成果がある。

本書は一方で、「地域社会を諸活動の再生産とみなす」という新たな方法論を提起するものである。以下では、この方法論をめぐって、いくつかの論点を提示しておきたい。

　第1に、ある空間に存在する、複数の異なる「社会」間の比較を可能とするものである。著者自身が述べる他の「歓楽街」との比較だけでない、二つの角度からの比較が可能であると考える。一つは、流動性と社会構造との関係について、「歓楽街」以外の「地域社会」との比較を行うことである。居住地としての性格が強い空間においても、活動「内容」の差異を越えて再生産「形式」の共通性が見られるかもしれない。どのような規模と時間幅での流動性が、どのような活動の再生産を維持または阻害するのかについての理論的知見がもたらされるだろう。もう一つは、歌舞伎町内部での、異なる「社会」との比較である。居住者にとっての、風俗産業以外の経営者・労働者にとっての、遊興のために一時的滞在する者にとっての、別様の「活動の再生産」が、歌舞伎町という空間には存在するはずである。

　第2に、システム論との親和性である。行為の体系としてのシステムにおいて、主体は行為の帰属先に過ぎないため、固有名詞としての主体の入れ替わりは二次的な問題である。ただし本書を「歓楽街システム」の研究として読みなおした場合、「外部」からのインプットの記述と分析が課題であると思われる。ビルオーナーらは、活動の上では固有名詞としても「定着した」存在であるが、テナント、スカウト、キャストらは流動性が高く、本書の帰結からすれば、その流動性が高安定化することが、「歓楽街」を再生産する鍵である。彼／彼女らは一体なぜ、どこから、どのように、歌舞伎町という空間にやってくるのか。本書でもスカウトやキャストのネットワークについて触れているが、これは全体社会だけでなく、「都市・東京」における位置取り、他の「歓楽街」との関係、新宿における隣接地域（例えば居住空間としての大久保地域）との関係を考慮しなければ解けない問題であろう。

　第3に、活動に焦点を置くことで、空間の象徴性（「地域イメージ」）や領域性（territoriality）の構築過程へのアプローチが可能となる。それゆえ記述すべき空間の範域もまた所与ではなく、活動の焦点（「活動領域」）として参照されることによって構築されていく。だとするならば、歌舞伎町の輪郭は、行政区分と街路によって予め切り出されるのではなく、具体的な活動の軌跡によって記述されるべきではないか。靖国通りや職安通りは活動においても境界なのか、あるいは歌舞伎町「内」で参照されない場所はないのか。そこから「歓楽街」歌舞伎町が実態として準拠している空間が浮かび上がってくるのではないか。

　最後に、本書を手にとって驚いたのは、筆者が新宿大久保地域でフィールドワークを行っていたのとほぼ同時期に、文字通りストリート一本挟んだ対岸である歌舞伎町において、同様にフィールドワークを重ね、その知見に誠実であろうとすることによって、既存の地域研究の枠組と格闘してきた同世代の研究者がいたという事実だった。本書によってたいへん勇気づけられたし、ぜひ若いフィールドワーカーに読んでもらいたい作品である。

書評

西村雄郎・田中里美・杉本久未子編著
『現代地方都市の構造再編と住民生活――広島県呉市と庄原市を事例として』
(ハーベスト社　2016年)

市川虎彦

　本書は、広島県内の2都市(呉市・庄原市)を対象とし、実証的な調査に基づく論考を収録した研究書である。ただし、この2都市を同一の視点から比較したわけではなく、それぞれ独立性の高い研究になっている。

　ふりかえってみると、ここ一、二年、「地方都市」を冠した、あるいは地方都市を研究の焦点に据えた社会学書の刊行が続いた。目についたところで、貞包英之『地方都市を考える――「消費社会」の先端から』(花伝社, 2015)，藤井和佐・杉本久未子編『成熟地方都市の形成――丹波篠山にみる「地域力」』(福村出版, 2015)，杉山祐子・山口恵子『地方都市とローカリティ――弘前・仕事・近代化』(弘前大学出版会, 2016)，内藤辰美・佐久間美穂『戦後小樽の軌跡――地方都市の衰退と再生』(春風社, 2017)があげられる。また、轡田竜蔵『地方暮らしの幸福と若者』(勁草書房, 2017)は、対象が若年層に絞られているけれども、本書と同じ広島県内の三次市と府中町が調査地域となっている。

　その中にあって本書は、グローバル化の中の構造再編で日本の地域社会が、都市―農村という二重構造から中心―半周辺―周辺という三層構造へと変動しているという認識にもとづいて調査、研究が行われたものである。序章で展開されるクラスター分析から、広島県は都道府県レベルでは「半周辺工業地域」に位置するとされ、その広島県の中でも半周辺的な工業地域であるとされる呉市と周辺的農業地域の庄原市が研究対象とされている。

　呉市が「半周辺」とされたのは、産業構造の転換の波に乗れずに重厚長大型産業を基幹産業とし続け、その結果として人口減少や高齢化に見舞われているためである。その呉市については、定住意識、女性のホームヘルパー労働、子育て期女性、高齢者、編入地域(蒲刈町)が論究の主題となっている。まず2章では、定住意識においては若い世代と周辺部住民の「定住」志向性の弱さが明らかにされる。3章では、重厚長大型産業の担い手は男性中心となり、そのため女性は医療・介護職に参入していくことが指摘され、その労働の実相が叙述される。4章では、女性のライフコースの分岐と子育て期の困難について論じられる。5章では、中心部と周辺部の中間的な地域の高齢者が孤立しがちだということが見いだされる。6章では、編入された周辺地域においては、全体としてまちづくりを担っていこうという志向性が高いにもかかわらず、若い世代において定住志向が低いという問題点が指摘されている。

　一方の庄原市は広島県の北東端の市である。合併周辺地域、農山村集落、高齢者、ダム建設にともなう生活再建地が俎上に上っている。8章では、西城町を例に、まちづくりが自治振興区と企画調整室によって進められたことが叙述される。しかし後者は廃止され、まちづくりの前途の多難さについてもふれられる。9章では、西城町における集落維持の試みが分析される。農業組合法人を設立した農村集落とレジャー施設をもつ山村集落が取り上げら

れ、定年帰農者の役割に着目されている。10章は高齢者の暮らしを質問紙調査で捉え、県内にいる他出子の支援がある例が多いことがあきらかにされている。11章ではダムによって水没した地域の生活再建地の20年後の姿が描き出され、集落を次の世代に受け継ぐ時期に来ていることが語られる。

　数多く刊行されている一般向けの地方都市論で見かけるものは、「地方」に「再生」という言葉が対となり、地域活性化成功事例の紹介と処方箋の披瀝が組み合わさった形式のものである。その手の著作と異なり、本書の著者たちの筆致は冷静で、事実に即してなされる。将来の見通しについても、安易に希望を語ることをしていない。困難な状況に直面している地方都市の実情が、そのまま伝わってくる。

　だが、この現状分析と本書冒頭の「構造再編」論との関連性が希薄であるように思えた。序章は、「グローバル化の進展」「三重の分化」による「構造再編」が論じられるのに対し、本論の中に入ると、こうした説明原理に変わって、呉市の場合は石油危機以後の産業構造の転換から地域社会の変容を捉えるようになる。しかるに、「1980年代に入ってからの構造転換」と1990年代以降の「構造再編」とは、別ものではないだろうか。1980年代にから続く長期的変動に、1990年代以降の構造再編過程がどう作用したのかが、全体を通じて不分明であった。呉市の研究が、労働社会の周縁にいる人々や地理的周辺地域を論究の中心に据えていたことも、「構造再編」を見えにくくしたのかもしれない。呉市といえば、一般的には製造業や自衛隊（ないしは海軍）が、頭に浮かぶのではないだろうか。この領域を対象とした論稿があれば、また違った印象をもったと思う。

　さらに庄原市に至っては、高度経済成長期から一貫して進行した過疎化・高齢化という趨勢の行きついた先の姿の分析にみえてしまう。そこにグローバル化という変動が、さらに何をもたらしたのかは読み取りづらかった。

　庄原市に関しては、もう1点。2013年に刊行されて話題を呼んだ藻谷浩介・NHK広島取材班『里山資本主義』(KADOKAWA)は、「全国どこでも真似できる庄原モデル」の小見出しが象徴するように、庄原市を重要な事例の1つとして取り上げている。この著作には、「里山で暮らす高齢者の日々は、穏やかな充足に満ちている。（中略）四季折々に訪れる花鳥風月の美しさと、ゆっくり土から育つみのりに支えられて、地味だが不安の少ない日々を送っている」(p.283)等の過疎地への賛辞が並ぶ。そして、成長を求める「マネー資本主義」の限界を超える自給自足的な「里山資本主義」が提唱される。これに対して本書の中には、「惣領町は灰塚ダムの上流に位置し、節分草に代表される里山景観を持つ。かつては活発な地域づくりも行われていたが、今は沈滞傾向にある」(p.148)、との記述がみられて、興味をひかれた。しかし、これ以上の踏み込んだ論述はない。もし著者たちの関心が庄原市に対して持続しているのならば、「里山資本主義とは何だったのか」を正面から論じた社会学的論稿を、今後ぜひ示していただきたいところである。

第11回(2017年度)地域社会学会賞の発表と選考結果報告

1. 受賞著作物

1) 地域社会学会賞

○個人著作部門
　該当作なし

○共同研究部門
浅野慎一・佟岩共著『中国残留日本人孤児の研究——ポスト・コロニアルの東アジアを生きる』御茶の水書房、2016年

2) 地域社会学会奨励賞

○個人著作部門
森久聡『〈鞆の浦〉の歴史保存とまちづくり——環境と記憶のローカル・ポリティクス』新曜社、2016年

○共同研究部門
　該当作なし

○論文部門
辻　岳史「漁村コミュニティの象徴と社会組織——東日本大震災後の東松島市大曲浜における神社再建と祭礼再開から」、『東海社会学会年報』8号、2016年

2. 講評

○地域社会学会賞（共同研究部門）
浅野慎一・佟岩『中国残留日本人孤児の研究——ポスト・コロニアルの東アジアを生きる』御茶の水書房、2016年

　本書は、2004年から2015年にかけて兵庫県に住む残留孤児45名を対象に、布施シューレに由来する生活過程分析を用いて実施した調査研究と社会的実践の成果であり、543ページに及ぶ大著である。対象者は神戸地裁に国家賠償訴訟を提起した原告達であり、残留孤児問題が日本政府によってもたらされた社会的被害であることを解明した実証的研究である。日本政府の帰国政策の消極性、中国で養育され生活していた時には日本人として差別され、帰国後の日本では中国人として差別されてきた苦難、自立指導員や生活保護制度の問題性、国家賠償訴訟に至る経緯が余すことなく包括的に明らかにされている。

　論述の繰り返しや日本政府の政策分析が外在的批判となっている点はやむを得ない難点ではあるものの、グローバル化やポスト・コロニアルの東アジアを把握するという視座に立った場合、「中国残留日本人孤児」も地域の問題として理解可能である。中国と日本、国家と

越境などグローバル化が進む今日では、トランスナショナルな地域研究は地域社会学会の研究対象となって来ている。実際、本書は「中国残留日本人孤児の人生・生活がもつ歴史・社会的意義を、東アジア―特に日本と中国―の社会変動との関連で解明」することを目指したもので、広い意味で地域社会研究の延長線上に位置している。また日本社会の「現実をリアルに解明し、社会問題を鋭く」とらえており、地域社会学会賞（共同研究部門）を授与するのに相応しい研究と言える。

○地域社会学会奨励賞（個人著作部門）
森久　聡『〈鞆の浦〉の歴史保存とまちづくり――環境と記憶のローカル・ポリティクス』
　　　　　新曜社、2016年
　本書は、歴史的環境保存のまちづくりについて、広島県福山市の〈鞆の浦〉の環境保存に対する〈道路建設派〉と〈鞆港保存派〉の対立を歴史的に追及した環境社会学、地域社会学、文化社会学のそれぞれのアプローチを含む研究書である。本書の優れている点の第一は、「なぜまちの歴史を保存するのか」という［Why］という問いかけに絞って、問題を追及した明解さである。［Why］「なぜ保存するのか」、［Who］「誰が保存するのか」という社会学的問いかけは、［How］「どのように保存するのか」を主要な問いかけとしている、建築史・都市計画論や法学・行政学とは異なって、「まちづくりの本質」とかかわる問題である。第二に優れているのは、地域的伝統やローカル・ポリティクスに年齢階梯制や村寄り合い、また主婦層を中心とした「鞆の浦・海の子」の活動の分析など〈伝統的なもの〉の重層的構造を描いている点である。第三に、地域開発の問題点を端的に示している点も優れている。〈道路建設派〉が、行政による決定を唯一の根拠として計画を進めようとする、その地域開発の問題点が如実に示されている。
　残された課題もいくつかあるが、本書は、歴史保存やまちづくりを考えるうえで貴重な地域社会学の成果であり、今後の研究の一層の発展を期待して地域社会学会奨励賞（個人著作部門）を授与することにした。

○地域社会学会奨励賞（論文部門）
辻　岳史「漁村コミュニティの象徴と社会組織――東日本大震災後の東松島市大曲浜における神社再建と祭礼再開から」『東海社会学会年報』8号
　本論文は、東日本大震災で甚大な津波被害を経験したある集落を対象に、他と比較していち早く寺社再建や祭礼再開を実現することができたのはなぜかという問いを立てた上で、その理由を、寺社・祭礼に関わる多数の主体への継続調査を踏まえて探究した仕事である。
　当該集落では、震災以前から寺社や祭礼に関わる複数の社会組織が存在し、その各々が分化した社会組織として多様な担い手により支えられていた。寺社の早期再建や祭礼再開は、平時には一見過剰にもみえたこうした社会組織の厚みに立脚していたことを、著者は明快な分析により明らかにする。しかしなお課題は指摘できる。社会組織の「冗長性」という理論的特質が鍵とされ重要性が指摘されているものの、本文中でその一般化に向けた課題整理は必ずしも十分に果たされていない。また紙幅の制約のせいか、祭礼等の説明も事実の羅列に

終始する印象を与える。

とはいえ、本論文は、震災研究を地域社会研究へと展開していく一つの方向性を示すとともに、発災以前における復興対策という実践的課題についても多くの示唆を含んでおり、今後の研究の一層の進展を期待して地域社会学会奨励賞（論文部門）を授与することにした。

3. 受賞者の言葉

○地域社会学会賞（共同研究部門）受賞の言葉
浅野慎一（神戸大学）・佟岩（神戸外国語大学・非常勤）

栄誉ある賞に選出していただき、心より感謝申し上げます。

本書の調査研究法は、二人の著者の恩師である布施鉄治氏の「生産・労働－生活過程分析」を批判的に継承したものです。その批判的検討の機会を与えてくださったのは、地域社会学会でした（「『生活と社会変革の理論』と地域社会研究の革新」『地域社会学会年報』第8集など）。また本書の研究対象は、国境を越えて移動する中国残留日本人孤児です。こうした越境的主体が構築する社会圏について多くの示唆を下さったのも、地域社会学会です。さらにここ数年間に限ってみても、地域社会学会で繰り広げられてきた学問的論争——ポスト・コロニアルの東アジアにおける開発主義、棄民と辺境、公共圏と生活圏、抗いと「生きられた意味」、研究と実践の関係等をめぐる多様な議論——から学ばせていただいた知見は、本書の最も直接的な理論的基盤となりました。

さらに言うまでもなく本書の知見は、地域社会学会の優れた諸先達の「構造分析」と総称される方法論、及び、それに基づく分厚い調査研究の伝統という巨大な肩にはい上がり、それに肩車をされなければ到底、私達の狭隘な視野が届き得るものではありませんでした。また学問的信頼関係を前提とした激烈とも言える率直な相互批判、若手を育てるための厳しい叱咤を伴う激励など、地域社会学会の諸先達が培ってこられた学風に陶冶されて初めて成立しました。

私達は受賞の栄誉もさることながら、まず何よりこのような意味で地域社会学会に育てていただき、今回の著作の完成まで漕ぎつけることができたことに対し、深く感謝を申し上げたいと思います。ありがとうございました。今後、一層の研鑽に励みます。

○地域社会学会奨励賞（個人著作部門）受賞の言葉
森久 聡（京都女子大学）

このたびは拙著『〈鞆の浦〉の歴史保存とまちづくり』(新曜社)を地域社会学会奨励賞に選出していただき、大変光栄に存じます。

この本は論文の部で奨励賞をいただいた2008年の論文（「地域政治における空間の刷新と存続」『社会学評論』59(2):349-368）を中核にした博士論文を新曜社より出版したもので、福山市鞆の浦の地域社会の歴史と文化、社会構造を手がかりに、埋め立て・架橋計画をめぐる地域紛争を分析しました。この本では町並み景観としての歴史的環境の社会学だけではなく、都市社会学における空間の社会理論や農村社会学の年齢階梯制社会の構造分析などの知

見も用いています。その意味では、都市社会学や地域社会学の分厚い蓄積がなければ鞆の浦の社会構造と地域紛争の分析はできなかったと言っても過言ではありません。ですからフィールドワークによる調査データの収集が先行してしまって、鞆の浦の事例をどのように分析して良いか分からなかった時に、的確に都市社会学・地域社会学の豊かな研究蓄積へと導いていただいた堀川三郎先生と玉野和志先生には心から感謝しております。

　そして何より、鞆の浦のまちづくりの現場で奮闘している地元住民・行政・企業の方々には大変お世話になりました。この場を借りて厚く御礼申し上げます。世代を超えて現場の方々が磨き上げてきた鞆の浦の魅力があるからこそ、拙著がこのような評価を受けたのだと思います（私の力不足でその魅力を十分に示すことができていませんが……）。昨年、鞆の浦では、地域紛争の争点であった埋め立て・架橋計画が中止になり、重要伝統建造物群保存地区にも指定されるなど、1つの区切りを迎えました。しかし、区切りを迎えたからこそ、現在の鞆の浦は今まで見えてこなかった様々なまちづくりの課題を抱えていることが分かるようになってきました。そのため、これからも鞆の浦のまちづくりの行方を追いかけていくことが必要であると考えています。今回、このようなかたちで奨励賞をいただきましたが、「自己ベスト更新」の目標を忘れずに、よりいっそう研究に励みたいと思います。

○地域社会学会奨励賞（論文部門）受賞の言葉
辻　岳史（国立研究開発法人国立環境研究所）

　このたびは地域社会学会奨励賞を賜り、誠に有難うございました。本稿は甚大な津波被害をうけた東松島市大曲浜の玉造神社再建と、獅子舞再開の過程を追ったものです。

　この研究をはじめたきっかけは、2013年6月22日の玉造神社竣功奉告祭でした。現場を訪れると、全て津波で流されてしまった集落のわきに小さな神社が建っていました。そして竣功奉告祭には約150名が集まり、獅子舞が披露されていました。当時の東松島市ではまだ、集団移転事業の造成が始まっていなかったこともあり、その大曲浜の賑わいは私に鮮烈な印象を残しました。その時「なぜそんなにも早く神社が建ち、獅子舞が再開されたのだろう」と驚いたことが、本研究の出発点になりました。

　その後、氏子総代や獅子舞保存会の方々へのインタビューを重ねるなかで、大曲浜では都市化、港湾開発、漁業環境の変化の影響をうけながら、神社と獅子舞を管理・運営する社会組織が分化していたことがわかりました。漁村の象徴である神社と獅子舞は、震災前の時点で、漁業者や漁業に係る社会組織だけが担うものではなくなっていました。伝統的な漁村が変容し、社会組織と神社・獅子舞の担い手が多様化していたことが、震災発生後の神社再建と獅子舞再開にむけた資源の調達が迅速になされた背景にありました。

　地域社会学の論文としては数多くの難点があるにもかかわらず、本稿の強みをあえて一つ挙げるならば、フィールドで得られた率直な疑問から出発して議論を進めている点であると考えております。調査にご協力いただいたすべての大曲浜の皆様に、深く御礼を申し上げます。市内の集団移転事業が完了したいま、私の関心は玉造神社と大曲浜獅子舞が今後どのように維持されていくのかという点に移りつつあります。今後も玉造神社と獅子舞をたよりに、大曲浜の復興を追いかけて参りたいと思います。

地域社会学会活動の記録（2017年度）

第42回大会プログラム

2017年5月13日（土）〜14日（日）
会場　秋田県立大学秋田キャンパス

5月13日（土）
◇第6回理事会　　　　11：00〜12：10…………2階中講義室F (M204F)
◇受　　付　　　　　10：30〜　　…………1階ロビー

◇自由報告1　12：20〜14：20
◆自由報告部会1-1　　司会　田中志敬（福井大学）　1階セミナー室1 (M115)
　1．金　善美（同志社大学）　大都市インナーエリアにおける地場産業の現代的変容──京都・西陣織業の事例から
　2．山本薫子（首都大学東京）　都市インナーエリアにおける「ジェントリフィケーション」への対抗と経済活性化推進の行方──カナダ・バンクーバーを事例に
　3．高橋絢子（一橋大学大学院）　東京郊外における米軍基地撤退の影響──立川基地跡地を事例にして
　4．岡田航（東京大学大学院）　「人と自然のかかわり」再考──東京都H市H区共有地「堰山」の変遷をもとにして

◆自由報告部会1-2　　司会　鈴木 鉄忠（中央大学）　1階セミナー室2 (M109)
　1．室井研二（名古屋大学）　巨大災害と復興格差──インドネシア・アチェの場合
　2．齊藤康則（東北学院大学）　住宅復興と被災者支援の新局面？──東日本大震災から熊本地震までを中間総括する
　3．辻　岳史（名古屋大学大学院）　復興政策実施期におけるガバナンスの地域間比較分析──地域産業に関わるアクターの連携・協働に焦点をあてて
　4．○似田貝香門（東京大学名誉教授）・清水亮（東京大学）・大堀研（東京大学）・三浦倫平（東京大学）　〈災害時経済〉Disasters-Time Economy の連帯経済の試み；共同財の形成による現代的コモンズ論

◇自由報告2　14：30〜16：30
◆自由報告部会2-1　　司会　熊本博之（明星大学）　1階セミナー室1 (M115)
　1．矢部拓也（徳島大学）　「ふるさと納税」は東京一極集中を是正し、地方を活性化してい

るのか？——都道府県・市町村収支データと財政力との関係から考える
2. 山岸達矢(法政大学大学院比較ガバナンス研究所)　まちづくり条例における大規模土地取引行為を対象とした協議手続きの有効性——国分寺市まちづくり条例の運用実態を中心に
3. 丹辺宣彦(名古屋大学)　豊田市保見団地における日系ブラジル人の移動・定着と「周辺性」
4. 中澤秀雄(中央大学)　域内循環の経済社会学から展望するまちづくり——岩手県奥州市・食の六次産業化の課題

◆自由報告部会2-2　司会　山本薫子（首都大学東京）　1階セミナー室2（M109)
1. 早川洋行(名古屋学院大学)　新幹線新駅中止——地域社会のドラマ分析
2. 江頭説子(杏林大学)　1980年代以降における住民運動としての公害反対運動の展開——倉敷市公害患者と家族の会を事例として
3. 平井健文(北海道大学大学院)　場(milieu)としての産業遺産と生活の記憶——兵庫県生野鉱山跡を事例に

◆自由報告部会2-3　司会　杉本 久未子（大阪人間科学大学）　1階セミナー室3(M108)
1. 丸山真央(滋賀県立大学)　大型合併に対する住民の評価——静岡県浜松市と新潟県上越市を例に
2. 大谷　晃(中央大学大学院)　「自治会」における共同問題に対する自治—東京都立川市都営団地における参与観察調査を通じて
3. 夏秋英房(國學院大學)　小学校区の統合と地域社会の変容〜コミュニティ・スクールであるP小学校の創立過程を事例として〜

◇総会　　　　　　　16：45〜17：40…………2階大講義室　（M216)
◇懇親会　　　　　　18：45〜20：45…………秋田ビューホテル

5月14日（日）
◇受付　　　　　　　8：45〜………………1階ロビー

◇自由報告3　9：00〜10：30
◆自由報告部会3-1　司会　齋藤 康則（東北学院大学）　1階セミナー室1 (M115)
1. 鈴木鉄忠(中央大学)　変動局面の「地域社会」——方法論的検討
2. 阪口　毅(専修大学)　コミュニティの移動性と領域性——インナーシティにおける「集合的な出来事」の比較分析
3. 成田　凌(首都大学東京大学院)　「人口還流可能性」研究に向けた分析視角の検討

◆自由報告部会3-2　司会　矢部拓也（徳島大学）　1階セミナー室2（M109）
1. 佐伯芳子（東京女子大学）　大都市の移住女性労働者の生涯を通したシティズンシップ保障の課題──東京で働くフィリピン出身女性の事例を中心に
2. 浅野慎一（神戸大学）　中国残留日本人の生成過程における地域空間の意味──ポスト・コロニアルの歴史・地域社会学
3. 尹　鈴喜（同志社大学）　脱北動機の語りにおける家族・親族資源の活用と生存戦略

◇シンポジウム関係者打ち合わせ　　　　　10：00〜10：30…　2階中講義室F（M204F）
◇学会賞選考委員会　　　　　　　　　　　12：40〜13：00…　2階中講義室F（M204F）
◇学会賞選考委員会・推薦委員合同会議　　13：00〜13：30…　2階中講義室F（M204F）

◇シンポジウム　　　　　10：40〜15：10…………2階大講義室（M216）
　（昼食休憩　　　　　12:40〜13：40）

『地域社会の共同性の再構築をめぐって』
　　　　司会：吉野英岐（岩手県立大学）、舩戸修一（静岡文化芸術大学）
1. 藤山　浩（一般社団法人持続可能な地域社会総合研究所）　長続きする地域社会のあり方
2. 林　雅秀（山形大学）　過少利用状況にあるコモンズ管理の成功条件──福島県会津地方の共有林の比較研究から
3. 濱田武士（北海学園大学）　漁場、入会集団そして漁業制度の特性──アワビ漁を事例に

　　討論者：西村 雄郎（広島大学）、田中 里美（都留文科大学）

◇その他
◆会員控室、抜刷交換、書籍販売……………………2階中講義室E（M204E）
◆大会本部　　　　　　　　　　　　………………2階大潟キャンパス教員控え室（M218）

2017年度研究例会

第1回研究例会
2017年7月15日（土）14:00～17:00　早稲田大学 戸山キャンパス
1. 地域社会の共同性の再構築に向けて──大会シンポジウムの成果と課題　舩戸修一（静岡芸術文化大学）
2. 「地方の抗い──福井市中心市街地の取組みを事例として」　田中志敬（福井大学）

第2回研究例会
2017年10月7日（土）14：00～17：00　首都大学東京 秋葉原サテライトキャンパス
1. 歓楽街における「共同性」のねじれ──歌舞伎町から地域社会を考える　武岡　暢（東京大学）
2. 持続可能な生産と消費に向けてコミュニティ組織が果たしうる機能とは？──日本及びタイにおける資源回収活動を事例として　小島英子（国立環境学研究所）

第3回研究例会
2017年12月2日（土）14：00～17：00　同志社大学 新町キャンパス
1. 地域社会の多様性と共同性の再構築──大阪インナーシティの新華僑たちとホスト社会　陸　麗君（大阪市立大学）
2. 夜間中学からみた大阪都心　浅野慎一（神戸大学）

第4回研究例会
2018年2月11日（日・祝）14：00～17：00　東京大学 本郷キャンパス
1. 「リニア・インパクト」を見据えたまちづくり運動の行方──名古屋駅西側の再編をめぐるエリアリノベーション戦略　林浩一郎（名古屋市立大学）
2. スモールビジネスによるリノベーション──東京下町の事例に基づいた考察　下村恭広（玉川大学）

投稿規定

1. 投稿資格を持つのは地域社会学会会員のみである。執筆者が複数の場合、原則として全員が会員でなければならない。ただし編集委員会からの依頼論文については、以上の規定は適用されない。
2. 原稿は地域社会学およびその関連領域に関するものとし、原則として未発表のものとする。
3. 自由投稿論文は匿名のレフリーによる審査を受ける。
4. 自由投稿論文が一度掲載された会員は、その次の号には自由投稿論文を投稿できないものとする。
5. 編集委員会からの依頼論文、自由投稿論文、ビューポイント、名著再発見、書評、自著紹介等、年報への投稿原稿の文字数や様式は、別途「執筆要領」で定める。投稿者は「執筆要領」および関連ガイドラインに従って執筆しなければならない。
6. 投稿者は原稿を電子ファイルで作成し、必要な部数のハードコピーを提出する。提出方法や部数については別途「執筆要領」に定めるとおりとする。
7. 編集委員会からの依頼論文、自由投稿論文、ビューポイント、名著再発見、書評、自著紹介等、年報に投稿された著作物等の著作権については、別途「地域社会学会　著作権規定」に定めるとおりとする。

(2009年5月)

(最終改訂：2016年5月、総会にて承認)

執筆要領

1. 投稿者は定められた期日までに投稿原稿をハードコピーで1部提出する。その後、編集委員会の指示にしたがって速やかに原稿の電子ファイルを提出しなければならない。電子ファイルはワードもしくはテキストファイルで作成したものとする。

2. 自由投稿論文及び特集論文(依頼原稿)は本文の前に、論文題目・欧文タイトル・著者名・著者名のローマ字表記・所属を明記すること。

3. 自由投稿論文及び特集論文(依頼原稿)はタイトル・執筆者氏名・本文・図表・注・引用文献を含めて、年報掲載時に14ページ以内(1ページは41字×38行で1,558字)とする。冒頭にタイトル・執筆者氏名等に必要なデッドスペースを10行分とるため、本文・図表・注・引用文献の分量は41字×522行に抑える必要がある。なお、英文要旨は掲載決定後に300語程度で作成する(英文要旨は、上記文字数にカウントしない)。

4. 書評・自著紹介(依頼原稿)はタイトル、執筆者氏名、本文を含めて、年報掲載時に2ページ以内とする。冒頭にタイトル・執筆者氏名等に必要なデッドスペースを6行分とるため、本文の分量は41字×70行以内とする。

5. ビューポイントと名著再発見はタイトル・執筆者氏名・本文を含めて、年報掲載時に4ページ以内とする。冒頭にタイトル・執筆者氏名等に必要なデッドスペースを6行分とるため、本文の分量は41字×138行以内とする。

6. 原稿はA4版の用紙を使って、41字×38行で印字する。年報は1ページ当たり1,558字(41字×38行)である。図表を使用する場合、できるかぎり本文に図表が挿入された形式で印字すること。図表はRGBデータではなくモノクロデータとして作成すること。

7. 原稿の表記については、以下の形式に従うこと。
　　(1)日本語表記については全角文字を使用する。句読点、括弧、カギ括弧などの記号類も全角文字を用いる。なお句読点は「、」「。」を使用する。(2)英数字は半角とする。(3)注は本文中に 1) のように番号を入れた上で、文献リストの前にまとめること。(4)見出し・小見出しは「1」「1.1」「1.1.1」のようにナンバリングする。(5)欧文文献のタイトルはイタリック体で表記すること。(6)研究費・助成金の表記は、原則として、文献リストの直前に「付記」の形で配置すること。

8. 上に定めた以外の形式は、日本社会学会が定めている『社会学評論スタイルガイド』に準拠する。同学会ホームページに掲載されている最新版を参照すること。著しく形式が整っていない原稿は、査読せず差し戻すことがある。

(2009年5月)
(2016年2月6日改訂)
(2018年2月11日最終改訂)

※最新の執筆要領については、随時、地域社会学会ホームページを御覧下さい。

地域社会学会　著作権規定

第1条　本規定は，地域社会学会（以下「本学会」という）の学会誌である『地域社会学会年報』（以下『年報』という）ならびに『地域社会学会会報』（以下『会報』という）に投稿される論文等著作物の著作権について定める．

第2条　本規定における著作権とは，著作権法第21条から第28条に規定される著作財産権（複製権，上演権及び演奏権，上映権，公衆送信権，口述権，展示権，頒布権，譲渡権，貸与権，翻訳権・翻案権等，二次的著作物の利用に関する原著作者の権利）ならびに同第18条から第20条に規定される著作者人格権（公表権，氏名表示権，同一性保持権）のことをいう．

第3条　『年報』ならびに『会報』に投稿される論文等著作物の著作財産権については，本学会に最終原稿が投稿された時点から，本学会に帰属する．

第4条　『年報』ならびに『会報』に投稿される論文等著作物の著作者人格権については，著作者に帰属する．ただし，著作者は，本学会および本学会が論文等著作物の利用を許諾した第三者にたいして，これを行使しない．

第5条　第三者から著作権の利用許諾申請があった場合，本学会は，編集委員会において審議し，適当と認めたものについて，申請に応ずることができる．
　　　2　前項の措置によって，第三者から本学会に対価が支払われた場合，その対価は本学会の活動のために利用する．

第6条　著作者が，自身の論文等著作物を，自身の用途のために利用する場合は，本学会は，これに異議申し立て，もしくは妨げることをしない．ただし，著作者は，本学会に事前に申し出をおこなったうえ，利用する論文等著作物のなかに，当該の『年報』あるいは『会報』が出典である旨を明記する．

第7条　『年報』ならびに『会報』に投稿された論文等著作物が第三者の著作権を侵害する問題が生じた場合，本学会と著作者が対応について協議し，解決を図る．

第8条　本規定は，2014年5月10日から発効する．

※最新の著作権規定については、地域社会学会ホームページを御覧下さい。

◆ *English Summaries of Articles*

English Summaries of Articles

The Introduction to the Symposium:
Rebuilding Social Relationships according to Common Resources in Local Communities

Hideki YOSHINO

The rapid decrease in and the aging of Japan's population seriously influence the sustainability of municipalities and communities. The Japanese government is preparing several policies for preventing population mobility, directed especially toward slowing the movement of the younger generation from local areas to central metropolitan areas.

Even though these policies are accepted in many municipalities, the amount of abandoned farm land, forests, and houses are increasing in rural areas. In urban areas, public buildings, schools, factories, and shopping centers are getting older and are used less. In fact, it is difficult to manage the infrastructure as well as the decreasing population in these areas.

Though such movement is ongoing, people's activities related to using and maintaining common resources are decreasing; thus, social relationships centered on common resources in local and urban communities are weak and thin. Therefore, we must develop ideas and methods for rebuilding these social relationships.

For this symposium, we invited three specialists. The first speaker was Dr. Ko Fujiyama, who analyzed the limited circulation of the local economy in rural communities. The second speaker was Dr. Masahide Hayashi, who examined several rules for picking mushrooms in the local commons of the forest area in Tadami, Fukushima Prefecture. The third speaker was Dr. Takeshi Hamada, who reviewed the traditional rules for catching abalone—primarily along the Sanriku coast—and the historical background. The speakers discussed the actual conditions in each area and offered some suggestions for sustaining social relationships and rural communities. After the presentations, Dr. Takeo Nishimura and Dr. Satomi Tanaka took part in the discussion.

We acquired good information and suggestions from each presentation and the subsequent comments. We understand that differences in logic and rules apply when using common resources according to social, economic, geographical, and historical conditions. Thus, we need to discuss and devise optimal situations in local areas for rebuilding sustainable communities.

English Summaries of Articles

The Symposium:

The Sustainable Community: Today and Tomorrow

Ko FUJIYAMA

Many communities in Japan are facing a rapid population decrease, representing a deep sustainability crisis. Concentrations of the population in large cities have created a vast underpopulated area through mountainous regions. Recently, newly developed housing areas in suburbs of large cities have caused angst regarding the decreasing and aging population.

In the first half of the 2010s, we saw small villages in peripheral areas—such as very deep mountainous areas and remote islands—collecting inflows among the younger generation. In most local areas, an inflow of more than 1% of the population annually facilitates success in stabilizing the regional population. Improvements in regional economic circulation are expected to support these incoming populations.

"Small local hubs" that are developing under the national policy represent a promising idea for connecting local life and the economy. These hubs can serve as combined centers for community activities, traffic, commerce, and energy by uniting local people and capitalizing on their small power base. Small local hubs will promote unity among local people in their focus on the future of their communities. Further, they are evolving as basic units of a recycling-oriented society.

Characteristics of Social Relationships Promoting Institutions for Nonlocals' Entrance to Common Forests:
A Comparative Study in Aizu, Fukushima

Masahide HAYASHI

Many Japanese common forests are underutilized because of the increase in fossil fuel consumption, agricultural machinery, and imported timber. Depopulation in mountainous regions accelerates the underutilization of common forests. In such conditions, allowing nonlocals to use communal forests may benefit local communities. To investigate the social conditions for successful accommodation of nonlocals, we compared the uses and rules of collecting wild vegetables and mushrooms in 10 common forests in Tadami, Fukushima, focusing on the characteristics of social relationships in these communities.

In this research, we found that communities could be classified according to two dimensions based on how they dealt with nonlocals wanting to use the common forests. One was the existence of institutions to accommodate nonlocals' entrance, and the other was how actively resources were invested to operate such institutions. We focused on active institutions. Among the 10 communities studied, five had adopted active institutions, such as systems for entrance fees and guides; two communities had adopted inactive institutions (e.g., extensive management); and three communities had adopted no institution for the entrance of nonlocals. As a result, communities adopting active institutions were those with high rates of participation in community meetings and collaborative operations. Members of such communities also had homogeneity in sources of income. If community members share homogeneous income source and have a mutual interest in communal forests, it is easier to engage in collective action. However, our findings indicated that homogeneity alone is not a sufficient condition for realizing collective action.

Communality in Japanese Coastal Fisheries:
Case Studies of Abalone Fishing Groups

Takeshi HAMADA

In Japan's coastal areas, common fishing rights have been established based on Japanese fishing laws. A common fishing right is given to a group of fishermen who live in a fishing village and fish in a coastal fishing ground zoon following a historical self-governed fishing system. There are shared characteristics and traditional communal relationships among the fishermen in each fishing village, indicating that coastal fishing ground, common groups in the various fishing villages, and local self-governed fishing systems are all elements of the Japanese common fishing rights system.

On the other hand, most Japanese fishing villages are aging; thus, their populations are decreasing. As a result, communities in the fishing villages are in need of new entries into the common fishing rights system. Admission does not happen smoothly because of very strict rules and customs in the communal relationship among fishermen.

This paper introduces three types of self-governing abalone fishing systems on the Pacific side of Japan's Tohoku area. It also describes the characteristics of communal relationships among fishermen and addresses possible changes in such relationships after the admission of new entrants to abalone fishing groups.

English Summaries of Articles

Articles

Livelihoods as Symbolic of *Milieu* in the Conservation of Industrial Heritage:
Practices for Conserving the Ikuno Material Mine Sites in Hyogo

Takefumi HIRAI

With increasing social attention on conserving industrial heritage in Japan, the actors and social contexts of conservation have been diversified for the last decade. However, few studies have examined the dynamics taking place within local communities in the construction and diffusion of the cultural values of industrial heritage. This study focuses on the process of construction and diffusion within specific communities and accounts for the variety of motives and methodologies regarding conservation for multi-dimensional local actors. Moreover, based on the achievements of previous studies, this article shows the potential for the practice of conserving heritage sites that are excluded from official legislation by the local actors. This article is based on data from fieldwork conducted by the author at the Ikuno material mine sites in Hyogo Prefecture.

The main findings of this study are as follows. Conservation practices for industrial heritage sites in Ikuno are a loose ensemble of multiple actions undertaken by locals working from different concerns and, therefore, focusing on a wide range of objects derived from the former mining industry. Each movement has arisen from social and economic necessities, which reflect contemporary social conditions within communities. Although the variety of motivations among local actors can lead to conflict, we have determined that there is potential for cooperation among them. The key is the breadth of residents' shared perceptions regarding a common symbolic reference for the industrial heritage site as a *milieu* framing the collective memories of the former industry. This study indicates that symbolism is not related to industry but to relevant livelihoods in which multiple layers of residents have sufficient experience.

The Acceptance of Local Lifestyles by "Migrants" in a Non-Metropolitan Area:
A Case Study in Tsuru

Hiroshi YAMAGUCHI

In this study, we assessed differences in lifestyles among local residents who did not have experience living in other prefectures (category A), those who had lived in other prefectures (category B), and "migrants" (residents who were living in another prefecture at the end of junior high school, category C). The location was Tsuru City, a non-metropolitan zone around Tokyo. We focused on "the migrant's acceptance of the local lifestyles." Herein, we compare lifestyles of the three categories quantitatively from the following points: consumption of local dishes, shopping places, interaction between friends and relatives, and participation in social groups, such as jichikai or rotating credit associations. Even taking the lapse of time into consideration, we found differences in lifestyles between at least two categories of residents (between categories A and C and between categories B and C) for the following elements: consumption of local dishes, shopping in and around the Kofu area, interaction with friends living in Tsuru, Yamanashi Prefecture, or other prefectures; interaction with relatives who live in Tsuru, Yamanashi Prefecture, and other prefectures; and participation in rotating credit associations. Findings of the study indicated that acceptance of local lifestyles by migrants was not always quick. Additionally, category B had an "intermediate" character between categories A and C, especially in the pattern of interaction with friends.

Aspects of the "Community" Concept and the Community Firm:
A Case Study of Company Housing at the Ōi Head Office, Dai-ichi Mutual Life Insurance Company (Ōi-machi, Kanagawa Prefecture)

Shun WATANABE

The purpose of this research is to analyze how employees and their families who lived in company housing of Dai-ichi Mutual Life Insurance Company lived in two "communities"—that is, "the community firm" and the "local community." In 1963, the Dai-ichi Mutual Life Insurance Company moved its headquarters to a rural area in Ōi-machi, Kanagawa Prefecture. The relocation of the company's Ōi head office (1963–2011) to a rural area was an experimental attempt against the backdrop of social problems, such as overcrowding, in central Tokyo. In this study, I explored historical documents related to the Ōi headquarters office and company housing; additionally, I conducted a survey (inteview format) with employees and their families who lived in Ōi-machi at the time.

As a result of the analysis, the findings of this study reveal the following. First, there were many voices in support of company life, such as the high quality of Ōi-machi's natural environment and the ease of childrearing. Second, wives who were raising children below primary school age had certain relationships with local residents in Ōi-machi through schools and housework. However, their husbands who worked for the Ōi head office tended not to have any such relationships. Third, "the community firm" and the "local community" were very different, indicating that the connection between these two communities was not too strong.

English Summaries of Articles

Development and Disaster in Developing Countries:
Post-Disaster Reconstruction in Aceh Following the Sumatra Earthquake and Tsunami

Kenji MUROI

This article addresses social changes in Aceh, Indonesia—the largest affected area of the Sumatra earthquake and tsunami. The results of our community survey revealed the following main points. First, the characteristics of urbanization in developing countries, such as segregated resource exploitation and enclave economy, have significant implications with respect to the root causes of the disaster. Second, owing to proactive remarriage and childbirth after the disaster, the populations of affected communities have recovered to their peak levels. This finding suggests that the community's intrinsic function is rooted in survival value. Third, the gap in economic reconstruction between regions is expanding, which is significantly related to differences in the livelihood structures of communities. Finally, the disaster reconstruction process is also closely interconnected with long-term economic development in Aceh Province, which seeks to transform the previous enclave economy into an autonomous regional economy. In this sense, disaster reconstruction in Aceh is significant for not only disaster studies but also for community and regional studies in contemporary developing countries that are in the midst of decentralization.

編集後記

　今回お届けしました年報は、30周年を記念する号となりました。第30集となった今号も、地域社会学会の歴史の厚みを感じさせられるとともに、現在の地域社会をめぐる重要な課題に取り組んだ論考がそろいました。

　大会シンポジウムをもとにした特集は、「ポスト3.11の地域社会」(2013～2014年)、そして「国土のグランドデザインと地域社会」(2015～2016年) という共通テーマを継承しつつ、地域社会の存在形態・持続可能性につながる共同性の問題に焦点をあてています。特集論文は、ここ数年の特集テーマとなっていたポスト3.11、国土のグランドデザインにかかわる大きな構造的問題を背景としつつ、農山魚村の詳細な分析をもとにした、現状と今後の展望についての示唆に富む論考となっています。

　自由投稿論文は、10本の投稿があり、4本の掲載となりました。残念ながら6本が掲載不可となったわけですが、前期、今期と編集委員として関わるなかで感じられたのは、執筆要領の形式を十分に踏まえていない投稿論文が目立つことでした。形式面は、論文の内容に比べて軽視されがちであるのかもしれませんが、今期の状況を踏まえても、形式面の不備は内容に関する問題とも相関する印象があります。

　もっとも、執筆要綱については、社会学関連の学会において、「社会学評論スタイル」が基準となっているとはいえ、学会ごとにかなり違いがあったことも影響しているかもしれません。この問題に対して、編集委員会ではこれまで、より執筆者にとってわかりやすいように、執筆要領の改定を実施してきました。今期も、科研など助成金情報を記す付記の位置などについて検討・修正させていただきました。ここ数年で大きく変更されている部分もありますので、ぜひ、一度ご確認いただけると幸いです。

　もう一点、この2年間、主に書評担当の仕事を担当させていただくなかで、地域社会学会の場合、ニュースレターにおいて会員のみなさまの研究業績を紹介するしくみがあり、書評対象図書の選定において大きな力を発揮していることを痛感いたしました。会員のみなさま相互の業績の共有だけでなく、このような機能を果たしておりますので、引き続き情報提供をお願いしたいと思います。

　最後になりましたが、執筆者、年報第30集の査読をお引き受けいただきました会員のみなさま、編集委員、出版社に感謝申し上げます。

（松宮　朝）

編集委員会

伊藤亜都子　　大倉健宏　　田中里美　　築山秀夫　　徳田剛　　中澤秀雄
◎町村敬志　　松薗(橋本)祐子　　○松宮朝　　丸山真央　　室井研二
(◎編集委員長・○副編集委員長)

執筆者紹介(執筆順)

吉野英岐	(岩手県立大学総合政策学部)
藤川　浩	(一般社団法人　持続可能な地域社会総合研究所)
林　雅英	(山形大学農学部)
濱田武士	(北海学園大学経済学部)
平井健文	(北海道大学国際広報メディア・観光学院博士後期課程)
山口博史	(都留文科大学COC推進機構)
渡邊　隼	(東京大学大学院人文社会系研究科博士後期課程)
室井研二	(名古屋大学大学院環境学研究科)
吉原直樹	(横浜国立大学都市科学部)
田中里美	(都留文科大学文学部)
小内純子	(札幌学院大学法学部)
西城戸誠	(法政大学人間環境学部)
庄司知恵子	(岩手県立大学社会福祉学部)
二階堂裕子	(ノートルダム清心女子大学文学部)
阪口　毅	(立教大学コミュニティ福祉学部)
市川虎彦	(松山大学人文学部)

地域社会学会年報第30集
地域社会における共同性の再構築

定価は表紙に表示

2018年5月12日　第1刷発行

© 編　者　地域社会学会
発行所　ハーベスト社
〒188-0013　東京都西東京市向台町2-11-5
電話　042-467-6441／Fax　042-467-8661
振替　00170-6-68127

印刷・製本：㈱平河工業社
落丁・乱丁本はお取りかえします。Printed in Japan

ISBN 978-4-86339-097-3 C3036